苏州市文化研究资助项目

考辨苏州

张英霖 著

中国·苏州
古吴轩出版社

图书在版编目(CIP)数据

考辨苏州 / 张英霖著. —苏州:古吴轩出版社,2016.12
ISBN 978-7-5546-0857-9

Ⅰ.①考… Ⅱ.①张… Ⅲ.①文化史—苏州—文集 Ⅳ.① K295.33—53

中国版本图书馆 CIP 数据核字(2017)第 014668 号

责任编辑：俞　都
封面设计：杨　洁
责任校对：陈　盼
责任照排：吴　静

书　　名	考辨苏州
著　　者	张英霖
出版发行	古吴轩出版社
	地址：苏州市十梓街 458 号　　邮编：215006
	Http://www.guwuxuancbs.com　　E-mail:gwxcbs@126.com
	电话：0512-65233679　　传真：0512-65220750
出 版 人	钱经纬
印　　刷	苏州日报印刷中心
开　　本	880×1230　1/32
印　　张	5.25
版　　次	2016 年 12 月第 1 版　第 1 次印刷
书　　号	ISBN 978-7-5546-0857-9
定　　价	28.00 元

如有印装质量问题，请与印刷厂联系。0512-65640827

目 录

苏州地名的特点和优良传统 …………………… 一
苏州何来清波门? …………………………… 六
书中的移山术 ………………………………… 八
甑山不是真山 ………………………………… 一〇
黄山与横山 …………………………………… 一二
王府基讹变皇废基 …………………………… 一五
"落红"与"迎笑" …………………………… 一七
"乔司"与"近潘" …………………………… 二〇
"取名何必又西湖" …………………………… 二二
所谓"苏州三关" ……………………………… 二四
陆墓与陆贽 …………………………………… 二六
不该被遗忘的地名——青旸地 ……………… 三〇
泰伯奔吴 ……………………………………… 三四

范仲淹与苏州	三八
范成大住哪里？	四四
唐寅诗中的苏州和他自己	四七
乾隆为何不到寒山寺？	五三
"藏军洞"里不藏军	五六
"鹤市"——被误解的典故	六〇
也说"吴市吹箫"	六四
苏州不姓"苏"？	六九
"一字之误"和"四字之争"	七二
大运河——苏州的母亲河	七七
姑苏水乡	八五
谈古风话旧俗	八八
姑苏繁华	九七
一幅长卷，一座古城	一〇六
什么是苏州地方特色？	一一八
吴文化研究略史	一二三
乾隆没说狮子林"真有趣"	一四二
木渎羡园是这样的	一四九
南园有二宝	一五三
没有燕子为啥叫燕谷园	一五六
虚霩园里发生了什么	一五九
编后记	一六二

苏州地名的特点和优良传统

苏州历史悠久，人文荟萃，反映在地名上亦极具特色，由城门、桥梁、街巷等地名，一望而知这是一座名符其实的历史文化名城。可以说，苏州的地名是苏州古城历史和文化的一个组成部分，是苏州古老文明的一个体现，一个标志，一个证据。特别是在今天整个城市面貌发生很大变化的情况下，保持苏州地名的稳定不变，已成为保护苏州古城的一个重要方面，也可以说是一条最后的防线。如果苏州地名的稳定性遭到破坏，那么苏州古城的味道也就所剩无几了。正是本着以上的认识，拙文拟就苏州地名发展的历史、特点以及如何保持苏州古城地名稳定不变的问题，提出一些看法和建议，以供研究参考，祈专家、学者不吝指正。

由于史志资料的缺佚，对于苏州地名的演变过程，已难以做出全面的叙述，只能依据传世的文字和地图资料进行一些粗浅的

考辨苏州

探索。众所周知，苏州是一座具有两千五百多年历史的古城，它的城门名称早在建城之初便已确定。东汉时成书的《越绝书》载有阊门、娄门、平门、蛇门、姑胥门、巫门、齐门、匠门（另有地门、近门则不知其位置所在，后亦不见著录）等城门名称。稍后的《吴越春秋》也记有水陆城门各八座之数和部分城门的名称。一个城市的定名如此之早，并且保持两千五百多年不变，这在国内是极少的。

当然，作为一座周回四十七里的吴国都城，不可能只有城门的名称，但当时城门以外河、桥、街巷等地名，汉以前的史籍不见著录，现在能见到的最早记载是唐陆广微的《吴地记》，其中确切记载了苏州八门的名称，"西阊、胥二门，南盘、蛇二门，东娄、匠二门，北齐、平二门"，同时还一一列出了108座桥梁、60所古坊、数十个寺院和吴县、长洲二县各20都的名称。自此以后，苏州地名日益增多，也多有变化，但《吴地记》所记的地名基本上被保留下来，有不少至今未变，可知是书所记的地名是经过长时期稳定以后被传承下来的。据考证，《吴地记》非出一人之手，由书中内容推知，成书时间上限在北魏约公元6世纪初，下限延至南宋约公元13世纪。因此，可以认为南北朝至唐宋之际是苏州地名发展的成熟阶段。由宋代名志《吴郡图经续记》《吴郡志》和著名的《平江图》可知，彼时苏州已有桥梁300多座、坊巷300多条，不仅地名的数量多，而且内涵丰富。

唐宋以后至明清时期，随着苏州经济的繁荣、人口的增多、市政建设的发展，苏州古城地名最重要的变化是街巷里弄的地名不

苏州地名的特点和优良传统

断增多,经历了一个由坊巷制向街巷体系过渡的时期。由著名画家徐扬所绘清乾隆《姑苏城图》来看,由街(路)—巷—弄(里)三个层次所构成的新的街头巷体系,已完全代替了旧有的坊巷制,城内自然和人工地理实体都已有了固定的名称,标志着苏州古城的地名已极其完备和周密了。自此以后直到民国时期,苏州地名除有个别调整和补充之外,一直保持着乾隆《姑苏城图》上所标注的地名不变,成为我国古城中地名最为稳定的城市之一。

地名是一种文化现象,是适应社会生产和人民生活需要而产生的。随着人类文明的不断进步,经历了由初级到高级、由简到繁的发展过程。一般来说,早期的地名是由群众口头相沿而成的,然后再由文人的参与,按照"约定俗成"的原则,用文字加以固定,经过长期反复的实践,日趋完善、稳定和规范。因此,一个地方的地名就与这个地方的历史和文化有密切的关系。苏州向称文风昌盛,历代地方官又多儒雅之士,因而反映在地名上亦具有许多特点,概括起来有八个方面:历史悠久,长期稳定,内涵丰富,名称多样,雅俗结合,局限性小,易记易找,实用方便。

历史悠久　前已述及苏州古城地名最早始于建城,一般在千年以上或千年左右,短的也已数百年。古老的地名使古城更加古色古香。

长期稳定　稳定性是地名最基本的要素。苏州的地名有地方志著录为依据,后人极少更改(极"左"时期除外),称得上是最稳定的地名。

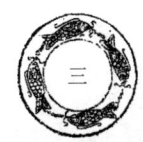

考辨苏州

内涵丰富 苏州地名的命名依据多种多样,有以城的历史、传说、掌故而命名的,如临顿路、饮马桥、铁瓶巷等;有以衙署、文庙、仓廪而命名的,如道前街、长洲路、旧学前、仓桥等;有以水而命名的,如百花洲、山塘街、双荷花池等;有以桥而命名的,如乌鹊桥弄、剪金桥巷、落瓜桥下塘等;有以姓氏而命名的,如颜家巷、杨家村、朱家园等;有以人名而命名的,如专诸巷、伍子胥弄、唐寅坟等;有以官职而命名的,如尚书里、京兆里、将军弄等;有以生产而命名的,如织里桥、酱园弄、打线巷等;有以动物而命名的,如苍龙巷、凤凰街、虎弄等;有以树木而命名的,如槐树巷、柏树弄、木杏桥等;有以年号而命名的,如庆林(历)桥、开元寺等;有以形状而命名的,如牛角浜、鹅颈湾等;有以数而命名的,如一人弄、四亩田、百步街等;有以方向而命名的,如南园、北局、东中市、西大街等;有以吉祥语而命名的,有以建筑而命名的……不一而足,举不胜举,因而内涵十分丰富。

名称多样 这里是指苏州地名中用以表示地名的类别、性质、位置、形状的字眼特别多,为国内城市所少见。如除了常见的街、路、巷、里、弄、村、庄、关、坊、桥之外,还有楼、堂、屋、舍、院、园、营、场、地、田、墙、门、亭、阁、间、基、库、栈、圈、角、底、斗、头、口、嘴、脚、根、曲、直、上(郎)、坝、埭、堰、埂、墟、坟、墩、堆、块、圩、坞、岸、岛、带、河、湖、洋、泾、浜、溪、洲、荡、港、池、沿、滩、湾、洞等近70个,说明苏州地名形象生动,吴语词汇丰富,表达能力强;也体现了汉字象形文字的特点,使地名

苏州地名的特点和优良传统

具有图例的作用,有立体感,这是任何拼音文字所不具备的。

雅俗结合 苏州地名典雅与通俗兼备,是群众和文人的共同创造。昔日坊巷名称之被摒弃,正是因为它太"雅",雅得令人不识、不解。但是地名过于简陋粗俗也不受人欢迎,如苏州初期以姓氏命名的地名很多,不仅重复,也缺少内涵,后来就减少了。苏州同音相讹的地名之所以多,其中原因之一是苏州文人追求雅。例如糜都兵巷,乾隆时讹为泥土壁巷,后来就改成宜多宾巷了。限于篇幅,例子就不多举了。总之苏州地名在雅俗结合方面是很到家的,这也有利于地名的通行和稳定。

局限性小 是指地名不受时代、方域、人事的局限,特别是涉及政治性的少。因此,除了"四人帮"为害的时期之外,苏州地名在历史上只有人民路曾由卧龙、护龙、中正等名改为现名,其余均未因时代变革而有所改动。个别的如臭马路因取消粪行而改为清洁路,则颇富新意,受到赞赏。局限性小也是保持地名稳定性的一个重要因素。

易记易找、实用方便 苏州地名由于上述种种特点,故而便于记忆。苏州街巷多分段命名,长的街巷少,只要找到街巷可很快找到要找的门牌号码。不像有些长街,门牌号码如天文数字,难以寻找;也不像没有路名只有一幢一幢编有枯燥数码字楼房的新村,记错一个门、一层楼、一个号就要上下往返奔波,甚至望楼兴叹,迷途而返。总之,苏州地名特点甚多,是前人留给我们的一份优秀文化遗产,我们应当倍加珍视。

考辨苏州

苏州何来清波门?

上海《解放日报》曾刊有《周日旅游新去处》一文,在介绍苏州古盘门水陆城门时,有"陆门有两重,外称盘门,内名清波门"的说法,读之不胜惊异。苏州何来"清波门"?又见日本出版的由岸俊男先生编著的《中国江南都城之遗迹》一书,在所刊盘门照片的说明中,也把内城门注为"清波门",这样就使人感到谬误流传已远及海外了。

盘门就是盘门,压根儿不曾叫过清波门。据唐末陆广微《吴地记》载:"盘门古作蟠门,尝刻木作龙,镇此厌越。又云水陆相半,沿回屈曲,故名盘门。"这是苏州志书上关于盘门最早的记载,以后的志书大多都是这样写的。为何有人把盘门内城门说成是清波门呢?

原来这里面有一段曲折的经过,说起来挺好笑的。上面已

苏州何来清波门？

经说到盘门就是盘门，直到"文革"前夕，内外两重门上都有"盤门"的题额刻石，后来在"破四旧"时被敲掉了。至于"清波门"三字，是因为某电影制片厂拍摄有"杭州清波门"场景的古装电影时，由美工师刷写上去的，因为杭州的清波门早已被拆除，只好借用苏州的盘门来充数。电影拍好了，但"清波门"三字却未被擦去，被游客误认为盘门的内门称为"清波门"了。外城门上粘贴的"盘门"二字，是另一家电影厂所为，其实这"盘"字是推行汉字简化字才有的，拍"古盤门"而写上简化的"盘"字，是有违历史真实的。正所谓"假做真时真亦假，真做假时假亦真"。有些人不知底细，竟然深信不疑，以致闹出了"盘门变成清波门"这样的大笑话。

考辨苏州

书中的移山术

近年来,苏州的书店多起来了,大大方便了读者。一日至某书店淘书,见有天津人民出版社出版的《中国佛寺》一书,便取来于目录中搜寻有关苏州的题目,发现书中收有苏州二寺,一是寒山寺,一是灵岩寺。但灵岩寺后的括弧里又注着"虎丘寺",心想大概是校对的错误,把"云岩寺"误为"灵岩寺"了,便翻到灵岩寺那一页,只见正文开首是这样写的:

灵岩寺也叫虎丘寺,位于城西北三公里的灵岩山上,灵岩山也叫虎丘山,素有"江南丘壑之最"、"吴中第一名胜"的称誉……

白纸黑字,并非校对之错,我好心的猜想落空了。接着看下去,凡应是"云岩寺"之处,统写作"灵岩寺",而且在解释白居易

书中的移山术

《题东武丘寺》诗意时说:"相传夫差……在虎丘给西施造了许多奢侈的建筑,现在虎丘寺塔所在处就是当年吴王为这位绝代佳人修建的馆娃宫遗址。"看来那位作者确实把我们苏州的两个寺当成一个寺、两座山当成一座山了。

寺和山明明都是两处,灵岩寺在苏州西南灵岩山上,云岩寺在苏州西北虎丘山上,怎么会错成一处呢?大约是写此文的作者不熟悉或没到过苏州吧?不熟悉或没到过苏州的人,怎么可以拿起笔来向人介绍苏州呢?

然而这样的事竟然有!不过使我百思不解的是,这位作者先生怎么会把这两个寺、两座山扯到一起来的呢?大概只有盲目抄书又不加核对的人,才可能造成如此令人吃惊的错误吧!也许是因为苏州太有名了,引得许多人都来写苏州,出点错也是免不了的,只是这个"书中的移山术"玩笑开得太大了。

考辨苏州

甑山不是真山

天下除了人造的假山之外，是山都是真山，怎么"甑山不是真山"呢？请不要误会，甑山确实是一座真山，而且新中国成立后，被叫作"真山"了。这就是曾轰传出了吴王陵的那座山，它位于浒墅关附近的312国道南侧。这座山在新中国成立前所有的苏州志书和地图中都被标注为"甑山"，新中国成立后却变成了"真山"。所以我用了"甑山不是真山"这样的题目。

为什么这样说呢？因为甑山不能读成"真山"。用汉语拼音注音，"甑"读为zèng，而"真"读为zhēn。用读音相同的汉字来注音，甑读为"赠送"的"赠"，真读为"方针"的"针"，两个字的读音是完全不相同的。当然，苏州话里这两个字分不太清楚。但是地名的读音只是一个方面，还有字义的不同。甑山的"甑"是什么呢？又为什么叫甑山呢？据民国《吴县志》记载："甑山，在

甑山不是真山

阳山北,山有三峰,旧志称山颠有七穴,如瓦甑,故名。"瓦甑是一种陶制的炊器,底有七孔,以箬叶铺在甑底,把米加在上面蒸之。据说甑山顶上有七穴,常见云雾缭绕,如蒸饭之瓦甑,这就是山名甑山的来历。现在改为真山,原来地名的由来就不见了。也许是为了破除迷信,甑字又不通俗,且吴语发音与"真"相近,于是便改了。但这一改含义就完全不同了。特别是接连在那里发现了春秋和战国的墓葬,从山的外形看,还有不少好似墓葬的土包,据统计有57座之多。因此,这甑山的取名很具神秘色彩,说不定和这些墓葬有一定的联系呢。总之,一个古地名是不应当随意改的。

考辨苏州

黄山与横山

我曾撰文批评过一本介绍国内著名佛寺的书,将苏州的灵岩山和虎丘山说成是一座山的错误,不料无独有偶,某报副刊上的《话说横山》一文,又把我市近郊的黄山和横山当成一座山了。

凡是熟悉苏州历史和地理情况的都知道,横山和黄山是两座山,横山在石湖之西,面临东太湖,故又名踞湖山,另因山有五坞,上有七墩,也称五坞山、七子山等。而黄山则在石湖之北,自古名黄山,从不称横山。就一般常识来说,南北为竖,东西曰横,如同经纬一样分明。黄山南北长约1300米、东西宽约400米,怎么可以称为横山?横山和黄山相距四五里,山体根本不相连属,但《话说横山》的作者却把它们看成是一座山。文章开篇把黄山烈士墓错称为横山烈士墓之后写道:"其实,横山、黄山是两座山,因它们山体相连,人们就将两山看成一山了。"不错,

黄山与横山

横山和黄山确实是两座山，但它们的山体并不相连属，把两座山看成一座山的不是别人，而是作者他自己。这从他文中所说可以证明："黄山，又名笔格山。……南距石湖畔茶磨屿四里。"这本来说的是很对的，所说黄山的名称和位置就是现在苏州烈士陵园所在的那座黄山。但接下来讲的横山就叫人如入五里雾了。"横山位于黄山之北，山四面皆横，故曰横山，其西麓是烈士陵园。"白纸黑字，清楚说明他是把横山和黄山混到一起了，他的所谓《话说横山》，实际上说的就是黄山。由此我们有理由认为他压根儿不知道黄山之南还存在有一座真正的横山。如此"话说"，真是叫人无话可说了。

不过，完全怪《话说横山》的作者是不公允的。因为1982年4月出版的《江苏省苏州市地名录》，就是将黄山改名横山的，例如在介绍横塘人民公社四界时说"东起胥门、盘门，西到横山"，又说"苏州市革命烈士陵园就设在公社西南的横山脚下"。另在"自然地理实体名称"部分列有"横山"而无黄山。这说明把自古以来就称黄山的山改称横山了。新编《苏州市志》没有因袭这个错误，而是在第三卷《自然环境》的第三节《山丘》中列出了黄山，但接下来说"又称横山"，这就不对了，应当说"有人误称为横山"才对。因为黄山从来不称横山，这是新中国成立前历代志书和当时的吴县地图清楚记载和标注的。但是新中国成立后却改成了横山，这种地名前后不一致的情况是造成地名混乱的一个重要原因，而且改得毫无道理，既丧失了地名的原有含义，

一三

又破坏了地名的稳定性。由于出现了两个横山，于是新编《吴县志》只好将石湖之西的横山，标为"七子山"，并说明"旧称横山"，其实，旧志一直以横山为正称，《隋书·地理志》吴郡吴县下，就列有横山的名称，其后各志都是称横山，七子山列为俗称。类似这样明显的地名错误，是应该及时纠正的，更不能以讹传讹。

王府基讹变皇废基

王府基讹变皇废基

　　王府基和皇废基是同一地名读音的两种文字表达,从地名的原有含义和来历看,正确的写法应是王府基。"基"在苏州地名中有"屋基""地基"之意,表示那里是一片特定的建筑区域。如阊门外山塘有方基,城内大石头巷曾名程基等。王府基这个名称,是因为元末张士诚攻占苏州后,自立为吴王,后降元被封为太尉,便在子城遗址(今体育场、大公园一带,历代为郡治所在)建立了太尉府。后来朱元璋打败了张士诚,太尉府被焚毁,于是人们便称其地为王府基。

　　王府基讹为皇废基则不通。因为苏州在春秋末虽是吴国的都城,但吴是个诸侯国,受封于周朝,故吴王的宫室不称皇宫而名子城或小城。到了战国以后,苏州就不是都城了,没有皇宫哪来的皇废基?有人可能要说,胥门外有皇亭街、皇亭里,城中民治路至元

和路间有皇宫后又如何解释呢？其实，这里的"皇"字各有所本。胥门外的皇亭街和皇亭里，是因为康熙南巡时曾面谕苏州大小官员要洁身爱民，奉公守法。当时的江苏巡抚汤斌为表示要认真贯彻皇帝的旨意，便在今泰让桥南堍东侧建立了万寿亭，人呼为皇亭，故附近有皇亭街、皇亭里的名称。皇宫后则是因为临近万寿宫的关系。万寿宫是由另一位江苏巡抚吴存礼所建，内置皇帝万岁牌，每逢皇帝生日便大事庆贺，而遇到皇帝驾崩，那里就成了祭奠的场所。同时也是平日接奉皇帝诏书的地方，俗称旧皇宫，遂有皇宫后之称。不过，皇宫后的地名不见于清末民初的志书和地图，直到20世纪30年代末才有此地名。

总之，王府基讹为皇废基是没有道理的，张士诚只是自称为王，并没有当上皇帝，怎么能说那里是皇废基呢？

"落红"与"迎笑"

"落红"与"迎笑"

在苏州西南诸山中,灵岩素以秀拔著称,为游人所乐至。登山路上有两个亭子,自下而上首曰"落红",次曰"迎笑",是康熙时灵岩寺的住持弘储和尚所取的名字。日前有事去灵岩寺,发现两个亭子的名字被错置了。为什么说是错置了呢?让我将所查证的有关资料述之于后。

据康熙时编辑的《灵岩纪略》载,落红亭和迎笑亭都是康熙初灵岩寺住持弘储和尚所题名。"落红"是取自《华严经》"象王回顾落花红"一句,盖因灵岩山又名象山(见《灵岩纪略》),其势右旋作象王回顾状。所谓象王是指象之最大者,佛教认为佛有八十相好,进止如象王,行步如鹅王,容仪如狮子王,等等。这里是把灵岩山的形状和佛门经语联系起来取为亭名,亦颇具巧思。至于迎笑亭的来历,据弘储题记中说,因为曾在断碑残碣上看到过这

样的名称，又缘于佛印禅师与东坡居士友善相处的一段掌故，便引来用之，意思表示一至斯亭益觉灵岩山色优美，苍翠迎人，自此向上便渐近山寺步入佛门境界了。据此可知取名"迎笑"的立意也不离佛家之宗。看来灵岩山的僧人是很讲究题名艺术的。

到了乾隆十五年（1750年），也就是乾隆首次南巡的前一年，为了迎接这位皇帝，苏州曾大兴土木，凡是乾隆可能到的地方都进行了修建，灵岩山这两个亭子也被重整一新，并且改了名字。据当时奉派负责灵岩山接待乾隆的太仓知州王镐所辑《灵岩志略》记载，落红亭改称迎晖亭，迎笑亭改称松啸亭。从字面上看，改后的名称缺少含蓄，无甚深意，故而后来沿用的仍是老的名字。

关于两个亭子的位置，《灵岩志略》亦记之甚详，迎晖亭（即落红亭）"自由姑岭西折而上里许即是"，松啸亭（即迎笑亭）"自迎晖亭左折而上约二百步即是"。由姑岭即横于灵岩山前的低矮山岭，相传吴王由此入姑苏，故名。在苏福公路未修建的时候，去灵岩山是自木渎镇沿香水溪西行，绕过由姑岭至山前村登山的。现在则自山腰公路上山（编辑注：现已改道），故而走不到一里路就到了第一个亭子——落红亭，再向上百余米就是迎笑亭了。对照志书所记，可知自康熙、乾隆以来，这两个亭子的位置始终未变，只是现在把名字搞颠倒了。从1948年张一留编《灵岩山志》所记两个亭子的名称、位置来看，大约是在妙真和尚住持修建灵岩山寺时就被错置了，或者更早也说不定。我问了明学法师，他上山时所见两个亭子的名称和位置就是现在的状况，静持法师也是这

"落红"与"迎笑"

样说。看来大概是因为"落红"曾改称"迎晖"而误为"迎笑"的吧？或者是为了对甫行登山的游客表示迓迎之意而有意改动的？然而不管怎样，有历史记载的名字如无特殊不当，似以不改为好，尤其是像灵岩山这样闻名于世的佛教净土宗道场。

考辨苏州

"乔司"与"近潘"

苏州是著名的文化古城,又为旅游胜地,近年来随着旅游事业的发展,旅馆已遍布大街小巷,刷写在墙上招揽投宿者的广告和指路牌更是触目皆是。纵观各家之店号,自不乏通俗和典雅者,然亦有令人望而不解其义甚至有闹出笑话的,"乔司"和"近潘"就是两个例子。

"乔司旅社"(编者注:本文系作者早年写成,现此旅社已不存在)开设在观前街后的乔司空巷,一望即知,"乔司"是"乔司空巷"缩略而成的,岂不知这样一缩就讲不通了。因为,"司空"是我国古代掌管工程建筑的官职名称,夏代为民治水的大禹就曾做过司空,后来由周至元历代均设此官职,其地位最显时约相当于丞相一级。据《平江城坊考》作者王謇先生认为,乔司空巷很可能是因宋嘉定时曾任平江府提刑,后官至左丞相的乔行简居住过而得

"乔司"与"近潘"

名,现在略去一个"空"字就失掉了原义。

"近潘旅社"(编者注:现此旅社已不存在)的地址在人民路、竹辉路口的东南角,原来这里有个"近泮村",前几年已并入竹辉路了。"近泮"就是靠近孔庙、府学的意思,因为苏州的孔庙和府学原来的范围很大,其南界直抵现新市路北侧,与近泮村可谓咫尺相对。我国古代学制,天子之大学称辟雍宫,诸侯之学宫曰泮宫(约相当于今日省一级的大学)。在建筑规制上,辟雍宫四面环水,诸侯之学宫半有水半无水,表示"半于天子之宫",故曰"泮宫",其水曰"泮水",其池曰"泮池",其桥曰"泮桥"。因此,孔庙和府学之内为袭承这一古制多有泮池、泮桥之类的建筑,苏州亦不例外。有人不了解这些,便将"近泮"改为"近潘"了。其实,泮和潘是音义完全不同的两个字。

需要顺便指出的是,在《苏州市地名录》的"标准地名"栏目中,"近泮村"也被印为"近潘村",原来孔庙和府学西侧有东、西半爿巷,现在西半爿巷已被并掉,"东半爿巷"被改为"潘环巷",一字之差,地名的本义完全消失。

取名是一种学问,是一种艺术,也反映了取名者的文化素养,类似"乔司""近潘"之类的取名,是应当避免的。附带说一下,"乔司"是有此地名的,其地在杭州西北郊,虽未详其取名的依据,但想来与苏州乔司空巷的取名是没有联系的。说不定是一个古越语地名也未可知。

考辨苏州

"取名何必又西湖"

杭州西湖有湖心亭,苏州石湖亦有湖心亭,只是后者已经圮毁,不为人知了。

据著名历史画卷《盛世滋生图》上所绘,石湖湖心亭在行春桥之南,于水中筑起方形石基,上建亭榭回廊,观其规模,较西湖的湖心亭的范围是小多了。这个亭子是乾隆二十二年(1757年)江苏巡抚尹继善专为迎接乾隆二次南巡而修建的,但是乾隆六举南巡五至石湖竟未曾一登湖心亭,这是什么缘故呢?且不论湖心亭的修建有违石湖自然质朴的田园风格,只"湖心亭"这个名字便给人以"东施效颦"之感,难怪诗文素养颇高的乾隆多次批评湖心亭的取名了。

乾隆第一次指出石湖湖心亭的取名不当是在他第二次南巡首至石湖时。对于石湖的秀丽景色,乾隆是十分赞赏的,曾有"吴中山水致人怜,最爱石湖茶磨前"之句,然而他对湖心亭的取名

"取名何必又西湖"

却很不以为然。在其所作《湖心亭》一诗中写道:"白洋汇处渚宫筑,水色天光有若无。已自赏心兼悦目,取名何必又西湖!"这末一句的语气清楚地表明他对湖心亭的命名是不赞成的。五年之后,乾隆第三次南巡至石湖时,又在一首《湖心亭》诗中以"名藉西湖偶不奇"的句子再次提到了这件事,意思是说"你从西湖抄袭这个名字来有什么稀罕呢?"可谓对主事者一点面子也不留了。到了第四次南巡时,乾隆更在所作《湖心亭》诗中自注道:"湖心亭非石湖旧迹,盖丁丑南巡时大吏以备临眺者,然三度石湖未曾一到其地也。"丁丑南巡即第二次南巡,"大吏"是指江苏巡抚尹继善。由这段注中可知乾隆已非止对湖心亭的名字有意见,而是干脆表示对湖心亭不感兴趣了。的确,石湖湖面本不甚阔,有了"长虹卧波"的行春桥应是恰到好处了,再塞一个亭子在水面就显得画蛇添足了,因为此石湖而非彼西湖也。故而在以后的第五次和第六次南巡中,乾隆虽次次去了石湖,但再也没有提到湖心亭的事。

以上所述不过是苏州历史上的一个小掌故,然而从中也给我们以某种启迪。办什么事都要从实际出发,都要有自己的创造性。小小一个亭子的名称也不能例外。特别像规划建设风景名胜区,哪怕小到一个亭子的名称都是大有讲究的,稍有不慎便将大煞风景。在这一点上,乾隆"取名何必又西湖"的见地对我们是有启发的。

考辨苏州

所谓"苏州三关"

近阅《"苏州三关"考》一文,感到苏州历史上值得考索的问题很多。然而所谓"苏州三关"(浒墅关、铁铃关、白虎关)实不见于史志记载,如若随意杜撰历史上本来无有的掌故,岂非画蛇添足,令人不胜其考乎?因而写此短文述明我的看法,以就教于识者。

先说苏州有无"三关"掌故及其能否成立的问题。掌故者,故实也。是凡历史上的人物事迹、制度沿革等堪资记述者均可成为掌故。如苏州的"七塔、八幢、九馒头"的掌故,就是前人据实归纳,故可一一确指。而"三关"之说则未之闻。当然人们可以创立新的掌故,但必须符合一定的事实和旨趣,并得到世人的认同。若作于20世纪70年代的《姑胥掌故》所列浒墅、铁铃、白虎三关,既非对苏州历史上所有关隘的总括,也非同一时代或同一

所谓"苏州三关"

性质关口的类列,这样的掌故是难以成立的。因为浒墅关是榷税之关,与具有军事防御作用的铁铃关和白虎关不是同一性质,硬把它们混列在一起是毫无意义的。这里需要补充的是浒墅关始设钞关是在明正德四年(1509年),不是景泰元年(1450年),这是《明史·食货志(五)》明文记载的,民国《吴县志》也据以刊载了。从此人们才在浒墅之后加上一个"关"字,呼为浒墅关,至今钞关早废而名称不改。

至于铁铃、白虎、金阊"三关"之说,我认为也嫌勉强。因为据志书记载,这三关虽同为抗倭而建,但时间有先后,白虎、金阊两关为"同知任环拒倭所建",任环卒于嘉靖三十四年(1555年)十二月,两关之建应在此以前。铁铃关建于嘉靖三十六年(1557年),是巡按御史维持修建,同时修建的还有木渎市东和葑门外共三处,称为"敌楼",高三丈六尺,方广十三丈,分为三层,类似后来的碉堡。铁铃关等敌楼建立以后,白虎、金阊二关是否存在史无明载,而自此以后,倭寇再未窜犯苏州,至嘉靖末倭患便被肃清了。所以,不论从建筑时间上和建筑形制上,白虎、金阊二关与铁铃关都不能相提并论,如果把它们罗列在一起称作"苏州三关"的掌故,自难使人信服。以我之见,如果当时无有"三关"的说法,今人以不立这样的"掌故"为好,以免为后世研究苏州历史增添新的麻烦。

考辨苏州

陆墓与陆贽

陆墓是原吴县北郊的一个古镇,以烧制窑器而闻名海内,所产铺地砖以坚细著称,明清时期皇室兴作多于此定制。又,所出蟋蟀盆极精,是竞相收藏的物品之一。2001年吴县市撤并苏州市后,陆墓为新设相城区的驻地,但早在20世纪90年代中,"陆墓"已改为"陆慕"了。一字之易,地名来历全失。为保存史迹,现将陆墓地名的由来考述于后,以供研究苏州地名变迁作参考。

陆墓的名称由来已久,据元代陆友《吴中旧事》记云:

吴郡城北五六里,有一大冢,在官塘之西,相传为陆宣公墓,故其地名陆墓,水名陆塘。淳熙间有于墓旁得遗刻与所传合,郡人周虎、张震发皆记其事。

陆墓与陆贽

上引文中的"官塘",指的是始自齐门外经陆墓镇西,通向常熟的那条大河,因唐元和间曾加疏浚,故名元和塘,也称常熟塘。所以称"官塘",可有两种解释:一是如苏州古城内由官府负责治理的三横四直干河被称为官河一样,表示这条河道的重要地位;二是如顾颉刚先生在《苏州史志笔记》中对"官渎"所作的考释那样,因为那里曾是吴国王室的手工业作坊区——果如此,则陆墓的窑作历史就更悠久了。引文中说"郡人周虎、张震发皆记其事",说明《吴中旧事》的记载不是孤例。而且墓旁还出土了碑刻,与相传是唐陆贽墓的说法相合,因此《吴中旧事》的记载是值得重视的。

另外,明洪武《苏州府志·冢墓·陆宣公墓》引有《虚舟客话》的记载,内容与《吴中旧事》相同,只是把"墓旁得遗刻"的时间记为"淳祐间"。《虚舟客话》原书一时未能查到,从《四库全书提要》和乾隆《苏州府志》以及其后的志书均采用《吴中旧事》的记载判断,《虚舟客话》可能晚于《吴中旧事》,或者所记不够翔实,故不为人所引用。

从上引可知,陆墓就是因唐代名臣陆贽的墓而得名。我国古代有许多地名是因名人冢墓而取名的,含有人民对忠臣、清官、乡贤的崇敬和纪念之意,故而经久不改。陆墓作为地名,在元代即已存在,并可上推至北宋和唐末。因为陆贽卒于唐元和初,据此可知,陆墓的得名应在千年以上了。

陆贽,苏州人,唐天宝十二年(753年)生于嘉兴,十八岁登进

考辨苏州

士第，唐德宗时召为翰林学士，朝夕进见，深得信任，虽有宰相主大议，而陆贽常居中参裁定夺，时号内相。后为裴延龄所谗，贬为忠州别驾。顺宗即位，下诏征还，诏未至而贽已卒，年五十二。赠兵部尚书，谥曰宣。《旧唐书》《新唐书》皆有传。传中将陆贽比作汉之贾谊，认为"高迈之行，刚正之节，经国成务之要，激切仗义之心"，以及初蒙天子厚爱到后来遭贬逐的不幸遭遇，都和贾谊相类似，并深有所感地说："欲以片心除众敝，独手遏群邪，君上不亮其诚，群小共攻其短，欲无放逐其可得乎？"这可说是对陆贽和如陆贽一样以失败告终的一些改革家无可奈何的同情和悲叹。

这里要说明两个问题。其一是陆贽生于嘉兴，怎说是苏州人呢？这是因为嘉兴时属苏州管辖。嘉兴古名由拳，自秦始皇帝二十五年（前222年）置会稽郡起，即与吴县同隶一郡。隋开皇三年（583年），地方建置废郡改州，嘉兴县归属苏州府，并被并入吴县。此后屡并屡复，直到五代晋天福三年（938年），吴越王钱元璀奏以嘉兴县置秀州，方始脱离苏州府。所以陆贽是苏州人。

其二是陆贽死在忠州（原四川忠县，今属重庆市），据《忠州图经》记载，其墓"在玉虚观南三十步"，而苏州又有一座陆墓，何者是真墓呢？对此明洪武《苏州府志》"陆宣公墓"下的一段记载，为我们了解这个问题提供了重要线索。这段记载原文如下：

或谓陆宣公卒于忠州，其丧不曾还吴。而《忠州图经》云"墓在玉虚观南三十步，陆宣公槁葬于此"。或云，公已归葬吴中，而忠南特

陆墓与陆贽

灵冢尔。

上引记载中的"槁葬",是"草草而葬"的意思,这是因为以后还要归葬吴中。因此,洪武《苏州府志》据此判断,忠州的墓是"灵冢"(亦即所谓"衣冠冢"),齐门外的墓是陆贽的真墓。其实,古人有两座墓葬的情况甚多,反映了我国古代"生不离土,死要归根"的传统观念和习俗,特别像陆贽这样蒙冤死于他乡的重臣,隆重的归葬更是平反昭雪的需要。故而陆贽的墓很大,并且其地以"陆墓"名之,其水也称为"陆塘",说明当时人们并不以陆墓的名称为不祥,相反由于苏州出了这样一位品德高尚、举足轻重的人物而引为自豪。总之,种种资料表明,归葬之说是可信的,千百年来陆墓作为一个地名,给人的联想首先不是一座墓,而是一位受人敬重的人物,这应当是陆墓的定名和经久不改的根本原因。

考辨苏州

不该被遗忘的地名——青旸地

苏州历史悠久,人文荟萃,是著名的历史文化名城,近代又成为我国早期对外开放的城市之一,反映在地名上有许多是与苏州古城的历史密切相关、不可分割、内涵独具的名称。例如苏州所有的城门和一些街巷的名称就是和我们的城市同时诞生,并存发展,已经有两千五百多年的历史,成为我们这座城市堪以自豪的宝贵文化遗产。但是,也有些地名在城市的发展变迁中湮没了,如青旸地的名字就是其中的一个。

青旸地这个地名的起源难以确考,但从清末志书中已载有其名称推测,它应是民间世代口头相传而源远流长的一个地名。它的名声远扬并载入辞典和史籍中,则是与中日甲午战争中国失败而被迫签订的《马关条约》将苏州开为商埠和划地设日本租界的沉痛历史相联系的。例如1931年由商务印书馆出版、1982年重印的

不该被遗忘的地名——青旸地

《中国古今地名大辞典》设有"青旸地"条目载称:

青旸地在江苏省吴县盘门外,清光绪二十一年(1895年)中日马关条约允开为商埠,二十二年(1896年)开放,有苏州关,惟商业反较阊门外为逊。

一个小小的普通地名因为与近代史上的一个重要事件相联系而被列入《中国古今地名大辞典》应当是很不寻常的。

又在江苏人民出版社1995年出版的《苏州市志·大事记》"清光绪二十三年(1897年)"项下记云:

二月初三日(3月5日),日本国据《马关条约》,在城南青旸地设立日租界,面积483亩8分7厘6毫。

还有不少涉及苏州历史的书籍载有与以上二例相同的内容,兹不赘列。以上二例清楚说明,青旸地在地名的含义之外又有了新的特殊的意蕴,那就是青旸地的名称与苏州的近代历史紧密地联系在一起,一见到青旸地便想到了那里的日本租界,以及苏州开商埠、中日甲午战争中国失败被迫签订《马关条约》的事。因此,如果青旸地的名称消失了,不仅使历史上以青旸地为地望的许多人文景物失去所在,给人们寻找和研究那些人文景物造成困难和不便,同时也意味着与其相联系的历史已为人们所淡忘,

而这对我们曾经饱受欺凌的中国人来说,是说不过去的,是不应当的。

青旸地在清末民初之际,不仅见于史志记载,而且鲜活地存在于苏州人民口中,人们统称盘门外向东的那一大片土地为青旸地。这可由"旸"的字义"日出"推知,青旸地是指早上太阳所照射到的地方,虽无具体地点的确指,但由于和盘门外联系在一起,从其最初所指苏州古城之南未经开发的那一大片地方来说,是很准确而恰当的。这在旧时苏州志书中常见所载古墓有"在盘门外青旸地"的注释,所以辟设日本租界时就沿用了"在盘门外青旸地"的地望。后来那里逐步得到开发,由于紧靠京杭大运河,便于运输,遂成为苏州现代工业发端、生根、立足之地,如最早的苏纶纱厂和苏经丝厂便设在那里。特别是第一次世界大战期间,民族工业兴起,太和面粉厂等一些工厂在那里陆续建立。由于工厂的增多,青旸地的地名已显得过于泛泛和很笼统了。在新中国成立后,修建了人民桥,贯通了人民路,运河南岸得到开发,青旸地的地名日益不能准确标示那里的工厂、单位以及居民点的位置了,因此逐渐从人们口中消失,代之以更准确的地名。到了1982年出版的《苏州市地名录》中,已不见青旸地的地名,只剩下一个"青旸大队"的名称;待到青旸大队改制,"青旸"二字也就不存在了。而那条自苏州火车站向西转南,绕古城经阊门外、胥门外、泰让桥、杨家桥,过苏纶纱厂、第一丝厂,于觅渡桥南下吴江,原名新马路和大马路的道路已先后被分段命名,其自盘门以东至觅渡桥即原青

三一

不该被遗忘的地名——青旸地

旸地的一段,新中国成立后被命名为南门路,至此,青旸地作为地名已完全消失不存。这虽是地名演变的规律使然,但当青旸地完全消失之后,却使人恍然觉察到苏州古城失掉了承载着自己一段重要历史的地名,不禁感到深深的遗憾。

为了保护苏州的古地名,以利于人们了解苏州的历史,不忘昔日的积弱和苦难,我建议将南门路改为青旸地路。

我认为,南门路的取名源于1953年"五反"运动之后,在今泰华商厦所在地建立的南门商场。但苏州实无南门的名称,并且今天南门商场业已不存,而南门路正好位于原青旸地的所在,改为青旸地的名称名符其实,是对古地名的恢复。更为重要的是,它比南门路的名称含义典雅,又是苏州近代历史上的一个重要见证,符合地名保护的要义,值得与苏州古城一样永久长存,万世无垠。

考辨苏州

泰伯奔吴

这是吴文化研究中的难解之谜,自古为史学界所关注。其事最早见于《穆天子传》。其后《国语》《论语》《左传》《韩诗外传》《史记》《论衡》《吴越春秋》等均有记载。新中国成立后,由范文澜和郭沫若分别主编的两部《中国通史》也都收入了这一记载,范予以肯定,郭以传说述之。

对于泰伯为避让王位而奔荆蛮地区,与土著部族结合而自号勾吴的传统说法,史家一向有不少疑点。根据顾颉刚禅让说创于墨子的考证,泰伯为避让王位而奔吴显系后人之伪托,是儒家"宗周"思想的反映,不足征信。钱穆认为古公亶父的老家在山西,西迁岐山时,泰伯留于北吴(今山西平陆县)。吕思勉在所著《先秦史》中也认为"泰伯仲雍所逃,去周必不甚远"。卫聚贤根据《诗经·大雅》"帝作邦作对,自泰伯王季"的记载,推断泰伯到

泰伯奔吴

了距周原不远的西吴（今陕西陇县、宝鸡）。新中国成立后，在宝鸡茹家庄出土了弓鱼（工吾、勾吴）墓，使西吴说更加引人注意。还有以路途遥远，周人难以通过殷人地区和长江天险阻隔等原因，认为泰伯不可能到达江南的种种看法这里就不详述了。

新中国成立后，通过考古发掘，虽未发现直接的证据破解泰伯奔吴之谜，但较之单纯依赖文献记载的时期，认识上更深入了。曾昭燏（曾国藩的孙女，南京博物院院长）、尹焕章曾在探讨泰伯奔吴问题时提到，殷墟所在地的安阳和江苏南部地区湖熟文化遗址中都发现了麻龟板。据了解，这种麻龟板产于南海，至今麻龟仍繁殖于南海群岛一带，这说明殷人和湖熟文化的荆蛮人用的麻龟板都取自南海，大江并未阻断南北的文化交流。又据江西吴城地区商城的考古发现，早在泰伯之前，殷人便已越过长江到达那里，因此有人认为周人是到达江西后再辗转到荆蛮之地的。不过，这些并不能具体证明泰伯确已到达吴地。近年来不少学者根据宁镇地区出土的考古资料，提出了"泰伯仲雍之奔荆蛮是到宁镇地区"。董楚平（浙江省考古研究所研究员）在《吴越文化初探》一书中对泰伯奔吴之说认为不可尽信，"但这传说却包藏着一个基本事实——吴国的统治者确为周人的后裔，这个基本事实有坚实的文献根据与充分的考古学证据"。梁白泉（曾任南京博物院院长）在《泰伯奔吴说》一文中论述道："我们基本上相信《史记》所作的描述。如果没有证据可以推翻他的说法，我们就只能先来保存他的说法。"相信只要把文献学、考古学和民族学这三者很

好地结合起来，不断地深入探索，对于泰伯奔吴问题的讨论会愈来愈深入，最终将会获得令人满意的科学结论。

以上是学术界讨论的情况，了解一下比较好。司马迁的《史记》中记载了"泰伯奔吴"的事情，虽有些地方语焉不详，存在疑问，但应当说历史上是有这件事情的，否则司马迁不会用《吴太伯世家第一》的题目来记述了。因此，"泰伯奔吴"的事可以照司马迁的记载去说，只是要做适当的点评就可以了。

我认为说泰伯奔吴需加点评的地方主要是关于泰伯避王位的"禅让"之说。这是儒家的一种理想和假托。孔子曾赞扬"泰伯可谓至德也矣，三以天下让"。后人为纪念泰伯，在东汉时建立了泰伯庙，又称至德庙，五代时把它从阊门外迁到阊门内下塘，庙前跨第一横河的桥也名至德桥。泰伯很孝道、很忠厚、很贤明，否则孔夫子不会赞扬他；同时孔子是借此宣扬他的一种理想，希望政权的交替要让贤能的人接班。实际上这只是反映了老百姓的一种愿望。历史记下的政权交接都是勾心斗角、刀光剑影，哪里有什么"禅让"之事？不过《史记》是记泰伯让位的。据司马迁记载，泰伯在了解他父亲古公亶父看中了老三季历的儿子姬昌（即后来的周文王）贤能，想把王位传给季历再传姬昌之后，才托词去采药而奔吴的，这一点不能丢掉。对于"三让"之说的解释，有几种说法，《史记正义》说三让，即古公亶父死后季历立，一让；季历死，子姬昌（即周文王）立，二让；昌死，姬发（即周武王）立，三让。现在书上说的三让与此不同，我认为让的主要是政权，因此书中说

的第一让的内容是不明确的。至于《史记正义》所说的第三让，文王卒，武王立，那时泰伯早已经过世了，但不必拘泥于泰伯在不在世。如果不是有泰伯的一让、二让，也就不会有三让，这是孔子对泰伯评价的着眼点。总之"三让"让的是政权，不必把古人对"三让"的说法全搬出来。

泰伯奔吴最大的功劳和作用是带来了先进的中原文化。这是有文字记载的中原文化和江南地区文化的最早的一次交流和融合，由此开始了我们这个地区的历史。这是了不起的。当时江南地区还未很好开发，相对落后于中原地区，所以泰伯的到来促进了江南农业的发展。

考辨苏州

范仲淹与苏州

范仲淹是北宋著名政治家、军事家、文学家、教育家。苏州是范仲淹的故乡,纪念这位先贤,我们感到格外亲切和自豪。

当然,范仲淹不仅仅是属于苏州的。他一生辗转任职于20余个州县,足迹几乎遍及当时宋朝的大半个版图;而在他被任命为参知政事高居相位以后,又毅然主持了历史上闻名的"庆历新政",成为宋代第一位政治改革家,其在整顿吏治、培养人才、发展生产、加强武备、巩固边防等诸方面的宏图和建树,受到后世的推重和师法;特别是他的"先忧后乐"思想和刻苦自持、注重气节的品格,在我国人民中间更是有着弥久而深远的影响。因此,往昔苏州的学者对范仲淹曾有"非但吾吴一乡之大贤,实乃天下之大贤"的评语,证诸史实,诚非虚言。但是,范仲淹毕竟是苏州人,我们在他的桑梓纪念他,自然更为关心他和苏州的关系,他在苏州

范仲淹与苏州

的作为和贡献,而从文物工作的角度则尤其关注他在苏州遗留的文物和史迹。为此,着重通过有关范仲淹在苏州的文物史迹介绍,缅怀他的德行和功业,并期从中获取应有的教益和启迪,进而促进当前我们精神文明的建设。

虽说范仲淹籍属吴县,但他一生在世64个春秋,居留苏州的时间却极为短暂。据记载,范仲淹祖籍陕西邠州(今陕西彬县)。唐咸通十一年(870年),他的四世祖范隋由河北良乡调任浙江丽水县丞,遂举家迁到江南,后因中原离乱不克返归,便在苏州定居。范仲淹的曾祖父范梦龄曾任吴越国判官,祖父范赞时做过王室图籍的管理,父亲范墉任武宁军(今江苏徐州)节度掌书记,官职都不高。北宋端拱二年(989年),范仲淹出生在徐州父亲的任所,不幸2岁时父亲病故,生母谢氏改适淄州长山(今山东淄川县)朱文翰,范仲淹便从朱姓,取名说。自此他在长山度过了刻苦学习的青少年时代,后又去应天府(今河南商丘)攻读,27岁举进士,29岁始复范姓,更今名。此后他往返于苏、浙、鲁、豫、皖等地各州县任职,直到46岁时,才奉调来苏回到自己的故乡。范仲淹是景祐元年(1034年)农历六月任苏州知州的,八月改任明州(今浙江宁波),因为治水的需要,九月又重新调回苏州,第二年十月便被召还朝中到开封去了。所以范仲淹在苏州实际任职的时间不过一年多。然而就是在如此短促的时间里,他却为故乡做了两件为后人所称颂的大好事,一件是治水,另一件是兴学。

苏州自古是多水的地区,号称泽国,在这里任职的地方官如

考辨苏州

果不理水就很难说是尽到了自己的职责。范仲淹一向比较关心百姓的疾苦，他到任的那年夏天正逢苏州大水，受灾者多达10万户。故而范仲淹一上任就全力投入治理水患的工作。当时主要问题是境内塘浦湮塞，太湖满溢，积水不能畅流入海。另外彼时苏州距海较近，潮水时有倒灌并夹带泥沙为害，更增加了治水的难度。但范仲淹早年在兴化任上有过修筑海堰的经验，因此他到苏后力排非议，及时组织人力疏浚常熟、昆山一带的塘浦。当时经过疏浚的有黄泗、福山、三丈、白茆、奚浦、浒浦和七丫、下张、茜泾等大小9条，并相应修复和新建了一批控制泥沙和水流的堰闸，因此积水经过这些塘浦北注扬子江，东南入吴淞江，然后排进大海，从而使百分之七八十的水患地区得到了治理。关于范仲淹的这次治水，在他所拟《上吕相公并中丞谘目》中有专门的阐述，同时《宋史》《苏州府志》和吴县、常熟、昆山等县志也均有记载。而且经范仲淹治理过的这些塘浦，至今仍然发挥着它们的效用，说明苏州古来发达的水利事业之中也有范仲淹的一份辛劳和贡献。

范仲淹是个苦学之士，早年在长山醴泉寺僧舍读书时，曾有"断齑画粥"的佳话，继而就学于宋代四大书院之一的应天书院，五年之中"未尝解衣就枕"，"起居饮食人所不堪"，卒以优良成绩登进士第，成为国家的栋梁之才。后来他应邀主持应天书院，言教之外尤重身教，培养了一大批人才。所以他得益于学习之处甚多，深知教育的重要，故而他做官以后不论到哪里都不忘办学。景

范仲淹与苏州

祐二年（1035年）他在苏州任上，将准备营造家宅的南园之地，辟建为规模宏大的州学（后称府学）。这不仅为苏州后来文运兴盛奠定了基础，而且也为宋代各州县建学树立了楷模。因此有"吴学之兴始于文正范公"的赞誉。而当时"天下郡县未有学"，后来范仲淹任参知政事上疏提出包括兴学在内的十项改革之后，才诏令各郡县普遍立学。由此说明苏州府学的创办确实具有非同一般的意义，也足见范仲淹对兴学培育人才的开创性贡献。

此外，范仲淹到了晚年，虽然已经离开了苏州，但仍然在家乡办了一项影响久远的事情，即兴建义庄。范仲淹创建义庄是在皇祐元年（1049年），当时他已61岁，正在杭州任职，子弟见他有退志，建议他在洛阳构筑宅第园林以为养老之所。范仲淹回答说："人只有道义之乐，身体都可视为外物，何况房屋？我今年60多了，即令买了房子又能住几天？我现在的问题是位高而艰退，不愁退下来没有房子住！"又有人欲为他购买唐代名相裴度的别墅"绿野堂"，也为他所拒绝。他基于"不以物喜，不以己悲"的高尚情怀，以及一贯的仁人之心和救世思想，老来关心的是如何有助于自己的宗族和社会。于是他便将节余的俸禄在苏州购买了1000亩田地，委托他的胞兄范仲温于芝草营巷（今范庄前）的祖宅创设了义庄，将经营所得的租米，周济族中贫困。由于范仲淹规划宏远，设计周详，后代又守替相继，故而范氏义庄能够延续数百年之久，一直到新中国成立前夕才结束。

以上是范仲淹在苏州最具影响的三个方面，他在苏州遗留

的文物史迹也大都与上述三个方面的事迹有关。范仲淹生前在苏州居留的时间虽然不长，死后又葬在远离苏州的洛阳万安山下，但是因为他对故乡有着不可磨灭的贡献，因而一直受到苏州人民的爱戴和崇敬，有关他的文物遗迹也为人们所珍视，其中至今仍然存在的有范庄前范氏祖宅内的一座大厅、三元坊范仲淹创建的府学，还有天平山的范氏祖墓、范仲淹祠堂和天平山庄。需要补充的是，原范氏义庄曾保存了不少有关范仲淹及其家族的重要文物，如范仲淹手书《伯夷颂》、唐懿宗时范仲淹四世祖范隋的诰命书、宋哲宗时范仲淹之子范纯仁的诰命书，以及历代名人对这些文物的题跋，等等。但世事沧桑，文物保存不易，一件手书已在清乾隆年间毁于火灾，仅余部分题跋现存苏州博物馆。两件诰命书在新中国成立后由范氏后裔捐赠给国家，现收藏于南京博物院。

除此而外，见于记载的有关范仲淹的古迹还有旧学前原长洲县学内的景文堂、原苏州府治内的景范堂、苏州府学内的范公祠；府学明伦堂前相传还有范仲淹手植的两棵槐树；城外则有浒墅关的文正书院，支硎山和香山姚社的范公祠；城内还有范氏祖宅前著名的"先忧后乐"青石牌坊，等等。然而由于历经动乱，加以失之维护，这些古迹现在都已无存了。令人欣慰的是，现存的范氏祖宅大厅、苏州府学和天平山庄等几处文物，近年来都先后得到了全面整修。天平山范公祠前新立了一座"先天下之忧而忧，后天下之乐而乐"的石坊，这不仅为天平山名胜区增添了一处新的景观，而

范仲淹与苏州

且对于当前我们的精神文明建设也有着深刻的意义。为了更好地发挥这些文物的作用,我们应当进一步做好保护和利用的工作,使这些具有历史价值的珍贵文物能够长久保存并为现实服务,使范仲淹这位乡贤先辈"以天下为己任"的博大高尚精神能与古城名山并垂不朽,永放光辉。

考辨苏州

范成大住哪里?

陈希天先生有《范成大苏州住宅初探》一文见报,读后颇感兴趣。此乃苏州历史一谜,愿将所见略述于后,共为探讨。

陈文引述有关范宅在阊门内、桃花坞之南、"范村"以北的记载后,又以范成大《思贤堂记》"成大世占名数西郭,……文正公吾东家丘焉"的记述,推断范宅"似在中街路、吴趋坊之间"。对此,我认为还可从范成大诗文中提到的线索深入研究。例如:南宋淳熙十三年(1186年),范成大61岁正病居城中,有《自晨至午起居饮食皆以墙外人物之声为节戏书四绝》诗,其第三首云:"北砦教回挝鼓远,东禅饭熟打钟频。小童三唤先生起,日满东窗暖似春。"诗中的北砦,即北面的营寨。考晚于此诗43年,于绍定二年(1229年)上石的《平江图》,在桃花坞北端有营寨二处,一为"全捷二十四营",一为"(威果)六十五营"。东禅是指东边的寺院,

四四

范成大住哪里？

《平江图》上在上述营寨之南，有寺院二座，一为报恩寺，一为能仁寺。可知营寨和寺院均在西中市大街以北地区，故而由上引诗意判断，范宅似不在中街路、吴趋坊之间。否则，北砦的挝鼓声和东禅的打钟声就非诗中所描述的那种方位感了。

依我所见，范宅应在桃花桥所跨第一横河以北偏西的地带，其根据除了上引诗句外，还要从范村的位置加以佐证。范村是范成大在城内宅居之南新建的一个园囿，陈文说"范村不在城内而在石湖"，这是搞错了。其实，与范有密切交往并非常熟悉苏州的周必大在所撰《范公成大神道碑》中写得很清楚："先以石湖稍远，不能日涉，即城居之南别营一圃……题曰范村。"据范成大《范村记》[作于绍熙元年（1190年）]称，范村之名取自杜光远《神仙感遇传》（见《吴郡志》卷四十）。相传范蠡亡于五湖后，定居一海岛上，子孙聚处曰范村。范成大追怀远祖事迹遂以范村名其新建之圃。对于范村的坐落和修建，范成大在淳熙十二年（1185年）《赠寿老》诗的自注中有明确记述，他说："十八年前始筑农圃堂，寿老自眉庵远来，相与度地；今云奎始基，又值其入城，留观上梁，似非偶然。"寿老是范结交的一位曾驻锡天平山的僧人，由注知道石湖别墅的重要建筑农圃堂始建于乾道三年（1167年），注中所说正在兴建的"云奎"，即范村内建以奉藏宋孝宗、光宗两位皇帝赐书的厅堂，《范村记》中称为"重奎"。读了这段诗注，范村位于城内应无异义。

那么，范村究在何处呢？范的至友、曾到过范村的著名词人

考辨苏州

姜尧章在《五梅令》题下注云："石湖宅南隔河有圃，曰范村。"范成大在《丙午新正书怀六首》中亦有"春风若借筋骸便，先渡南村学灌畦"之句。这都说明范宅与范村之间有一横河。《平江图》上靠近桃花坞的只有第一横河。此河引运河水自阊门水关入城后分为二支，北支直通娄门，南支经至德庙桥，南过军桥入第二直河。我认为范宅就在南北支之间大约钱桥以东地方。因为如在南支河以南，则过了河便是西中市大街，显然与"隔河有圃"的说法不合。范成大《阊门初泛二十四韵》自注云："淳熙丙午重九后十日，家人辈以余久病，适新修小舫，劝扶头一出，以襥被屯滞。遂至北城检校桃花坞，出关傍漕河望枫桥、横塘，中路而还。"由上注可证，范宅紧靠第一横河北支桃花桥左近，因为由那里乘船东行，经北过军桥入第二直河，北抵内城河，折西转南穿隆兴桥，恰可绕桃花坞一周，然后由水关出城。如果不是住在那里，就不会有注中所述的船行路线了。

最后要说的是，范成大的《菊谱》《梅谱》都是在城内撰写的。谱中所列"菊三十六种""梅十二种"均植于范村，这在两谱序言中都说明了。所以，据此我认为《平江图》上崇真宫与至德庙之间绘有四棵树形标志的地方应是范村所在。

唐寅诗中的苏州和他自己

唐寅是著名的书画家,更是一位才华横溢的诗人。他一生留下了大量的书画,也遗有许多美丽的诗篇,一部《六如居士全集》,六卷全集中诗词占了四卷,可见其诗作的分量。我无力谈论唐寅的诗,只想从他所写的苏州景物中,去寻觅昔日苏州古城的风貌,并一瞻诗人的心灵世界,以追慕和纪念这位苏州历史上"名传万口"的"一代才人"。

唐寅传世诗作中写苏州景物的不多,总共不过十余首,但都清丽可诵,充满着对故土苏州的炽热感情。内中七言古诗《江南四季歌》是写苏州节俗的,由"满城旗队看迎春"的行春之仪开始,依次写了"千门挂彩六街红"的春节,"呼船载酒竞游春"的清明,"锦云乡中漾舟去"的观荷节,"登高须向天池岭"的重阳,直到"雪片高飞大如手,安排暖阁开红炉"的深冬,通篇以"江南

考辨苏州

人住神仙地"起首,尽皆安乐景象,至末句忽地笔下骤转,以"不知蓑笠渔翁苦"作结,诗人思绪之起伏于此可见一斑。细审诗中所写节俗,有的如今已无迹可寻。如行春之仪,据《清嘉录》记载:"先立春一日,郡守率僚属,迎春娄门外柳仙堂,鸣驺清路,盛设羽仪,前列社伙,殿以春牛。观者如市,男妇争以手摸春牛,谓占新岁造化。"谚云:"摸摸春牛脚,赚钱赚得着。"原来这是与农事相关的节气,也叫迎芒神,不过城里人家生计已大多不在土地,而依靠经商和做工了。还有重阳登高至天池山,与后来多去石湖之滨的吴山也有不同,想是天池山往返不如吴山便利的关系,而今则去吴山的也极少了。这些都说明习俗随着时代的发展在不断演变,有些已成为历史陈迹了。

《姑苏八咏》是写城内外名胜的怀古之作,虽不免文人常有的那种不胜今昔的悲凉之感,但状物写景的诗句却是美不胜收的,也透出了一些古代的信息。例如诗人写所居的桃花坞,有"花开烂漫满村坞,风烟酷似桃源古。千林映日莺乱啼,万树围春燕双舞"之句,可知唐寅之际满坞盛开桃花,诗人选中这"酷似桃源古"的地方居住就可以理解了。八咏中的《寒山寺》是步唐张继《枫桥夜泊》诗意而不落俗套的一首佳作,诗人着眼于"金阊门外枫桥路,万家月色迷烟雾"的城郊夜景,为我们点拨出一幅"树色高低混有无,山光远近成模糊"的水墨画,展现了朦胧月色下苏州静谧的深沉的美。其他如写"千峰万峰如秉笏"的天平山、"面面青山如翠屏"环抱的姑苏台、"落红乱点溪流碧"的百花洲、"具区

唐寅诗中的苏州和他自己

浩荡波无极"的太湖、"山头只有旧时月"的响屐廊以及"至今遗恨流沧波"的长洲苑等，都可见昔日苏州山青水秀、风景优美的画面，使人更加珍惜苏州得天独厚的自然环境条件，不忍看到它们被摧残和污染。

唐寅写苏州古城最精彩的诗，是大家所熟知的《散步》和《阊门即事》二首，前者赞苏州风情之美，后者颂苏州货殖之富，都是对苏州高度文明和繁华的讴歌。下面让我分别录出这两首诗，看一看唐寅笔端的苏州是何等之美好。

吴王城里柳成畦，齐女门外水拍堤。
卖酒当垆人袅娜，落花流水路东西。
平头衣袜和鞋试，弄舌钩辀绕树啼。
此是吾生行乐处，若为诗句不留题。

前人曾经指出，唐寅的诗仿刘禹锡、白居易，通俗易懂，朗朗上口，上引《散步》诗可称其代表作，对于苏州人来说，读来更是特别的亲切。诗人似乎毫不费力地将垂柳、溪水、卖酒娘子的婀娜身影和远处不时传来的鹧鸪声组合在一起，活脱一个苏州古城洁美宜人的水乡风貌，难怪诗人发出"此是吾生行乐处"的感叹了。值得一说的是，诗中写到的小酒店，唐寅在《姑苏杂咏》四首的第二首有"小巷十家三酒店"的句子，在第三首又有"贫逢节令皆沽酒"，可以想见那时酒在百姓生活中的地位。苏州是江南农

业首府,酒是粮食丰收的产物,人有喜忧皆离不开酒,城中酒店之多就不足为奇了。最近笔者迁住南园,其地本农田,新覆盖了由干将河、路运来的填土,行走间竟于表层接连寻获有永乐、成化、嘉靖、万历纪年的青花酒盏圈足残底,可为唐寅在世(成化、嘉靖间)时苏州多酒肆的物证。

《阊门即事》诗描绘的是苏州另一幅景象,只短短八句,便写尽了苏州的繁华:

> 世间乐土是吴中,中有阊门更擅雄。
> 翠袖三千楼上下,黄金百万水西东。
> 五更市贾何曾绝,四远方言总不同。
> 若使画师描作画,画师应道画难工。

诗是从阊门写起的,晋代陆机《吴趋行》也是由这里下笔:"吴趋自有始,请自阊门起。"这是因为苏州的兴盛与大运河这条黄金水道有密切的关系。唐寅在《姑苏杂咏》中说得更明白,"繁华自古说金阊",这里的"金",不是现在金门的"金",而是黄金地段的意思,人称"金阊市廛"。唐寅用了四句诗概括了"金阊市廛"的热闹和繁华:一写商市繁盛——"翠袖三千楼上下",二写贸易巨大——"黄金百万水西东",三写夜不闭市——"五更市贾何曾绝",四写五方杂处——"四远方言总不同"。二十八个字便把充满商品经济活力的苏州写得真实、生动而形象,为我国最早

唐寅诗中的苏州和他自己

发生资本主义萌芽的城市——苏州,留下了一份诗的记录,唐寅此诗的历史价值就不言自明了。此外唐寅还有《春日城西》《登吴王拜郊台》《登法华寺山顶》《虎丘泛舟》等诗也直接或间接地写到苏州的风景,这里就不一一介绍了。

关于唐寅诗中自己的形象,由以上诸诗来看,他是一位对故乡的自然美和人文美的讴歌者,其对苏州的挚爱正是他热爱生活的一种表露,完全不是他叹世、感怀、自愁、自绝等诗中的唐寅。在那些诗中,唐寅玩世不恭,或者风花雪月,或者看破红尘,论者所谓"颓然自放"就是指的这一方面。在这篇短文里,很难对唐寅一生坎坷的际遇和由此而形成的个性特点做出全面的分析,我只想讲一点自己的粗浅看法,即唐寅身心虽备受磨折,形象也有所扭曲,但并没有丧失良知,他的心地还是一片纯洁,深藏着火热般的感情,请看他在《题子胥庙》一诗中的侠义气概:

　　白马曾骑踏海潮,由来吴地说前朝。
　　眼前多少不平事,愿与将军借宝刀!

如果唐寅是一个无是非感的混世者,怎能写出这等刚烈的诗句?再看他在《言怀》诗中发出的宣言般的警句:"些许做得功夫处,莫损心头一寸天!"这又是何等的高洁,何等的一尘不染!他在《姑苏寒山寺化钟疏偈》中所写的四句偈语,更是无垠无际

五一

考辨苏州

的博大胸怀:

> 姑苏城外古禅房,拟铸铜钟告四方。
> 试看脱胎成器后,一声敲下满天霜!

写出这种颂语的人,哪里有什么出世思想? 唐寅是一介书生,对于彼时的社会现实,他是无能为力的,但是他又是不屈的;因为他是一个美的追求者、塑造者,心中有着一个真善美的世界。

乾隆为何不到寒山寺？

我在编写《盛世滋生图》图版说明的过程中，曾为一个问题所纳闷，即乾隆六举南巡，十二次往返都在苏州停留，古城内外重要名胜差不多都去了，独不见有乾隆游寒山寺的记载。这是什么原因呢？

多年前看到《乾隆署名漫游子》一文（刊于2000年9月27日《姑苏晚报》"怡园"副刊），内中说到乾隆曾微服来苏下榻寒山寺的事，该文作者并且考证说当时接驾的是江苏巡抚陈大受云云。对此说法，开始我颇感兴趣，继而一查旧编地方志，陈大受虽两任江苏巡抚，但都在乾隆十一年（1746年）之前，而乾隆首次来苏州是在乾隆十六年（1751年），当时接驾的是江苏巡抚尹继善。如果说在此之前陈大受真的接过乾隆的驾，那将是十分珍贵的史料，然而该文对这一说法的出处无只字的交待，这就

考辨苏州

不免令人生疑了。

我们知道，文史研究，首重史料，道听途说的东西是不足为据的。史料的真伪要看是否亲历、亲见、亲闻的第一手材料，例如关于乾隆南巡是为了寻找他生身父亲的传闻就是后人编造出来的，有人早已指出过了。现在又说乾隆曾微服来苏下榻寒山寺，恐怕也是子虚乌有，因为还不曾看到有关此事的记载。如果是真的，叶昌炽的《寒山寺志》是不会不收录的。那么，乾隆何以未到寒山寺呢？

回答很简单。因为当时寒山寺屡经动乱，寺中建筑受到破坏，寺貌已破陋不堪，故其地虽濒临乾隆御舟必经之地，却未能列入乾隆游览的范围之内。这从《乾隆南巡盛典名胜图录》中无寒山寺绘出即可证明。有人可能会问：康熙南巡是到过寒山寺的，乾隆时寒山寺就不是名胜了吗？其实这个问题只要翻看叶昌炽的《寒山寺志》就可明白。在该书卷一《志寺》中引有乾隆《苏州府志》如下记载：

> 寒山禅寺，实妙利普明塔院，不详其经始年月。明万历四十六年，大殿火，明年修复之。本朝康熙五十年冬，大殿又火。旧有水陆院，严丽靓深，屡出灵响，今久湮坏。塔也莫知其迹。

又叶昌炽在上引资料后，录入了宣统三年（1911年）重修寒山寺时出土的一块残碑上的文字曰："乾隆三十九年甲午八月，住持

乾隆为何不到寒山寺？

比丘宣能续建大殿、前轩。"

除上述两段资料外，寒山寺在康熙至乾隆长达一百余年的时期内，别无记载。由此可知，寒山寺在康熙五十年（1711年）大火后，至乾隆三十九年（1774年）一直未能恢复旧观。乾隆是个好古以求的人，尤喜访碑和搜读前人诗文，而从俞樾所题《月落乌啼诗碑》的跋文中知道，宋王禹偁所书张继诗碑早已不存，明文徵明书张继诗碑残存不及十字。在这种破败的情况下，接待他的地方官是不可能安排乾隆去游览的。乾隆是一个爱表现自己的皇帝，如果真的到了寒山寺，不可能没有诗文传世，更不存在因为要"保密"而不予记载的情况。所以，不应以讹传讹去炒作这些陈年滥货。因为，这无助于历史研究，也无助于苏州的旅游。

考辨苏州

"藏军洞"里不藏军

所谓"藏军洞",本是明清志书所记载的一种名称,有的称为"烽燧墩",指的是遍布太湖周围山峦上,连绵不断,数以千计,隆起如山峰、土包的人工建筑物。为了探寻这一古代建筑物的奥秘,20世纪70年代以来,江浙地区的多家文物考古部门,分别进行了大量的田野考古工作,据笔者所了解,先后发掘清理的有苏州上方山1个、安山3个、五峰山24个,常熟虞山2个,无锡马迹山2个,武进成湾山7个,长兴便山37个,连同1955年在五峰山调查清理的3个,1963年在吴兴苍山发掘的1个以及这次香山发掘的4个,累计发掘清理的共达84座。其中出土的器物有泥质陶、几何印纹陶和原始青瓷的豆、盂、盘、罐、鼎等,还有纺轮、网坠、玉饰、兽骨、草木灰、木炭等。其时代一般认为约春秋之际,但对其性质和作用则众说纷纭,主要有军事、墓葬、居住遗址和祭天遗址四

"藏军洞"里不藏军

种说法。由于时代久远，缺少文献记载的依据，出土的文物又难以据之做出明确的结论，如军事说，不见有兵器；墓葬说，不见有人的骨殖；居住遗址和祭天遗址的说法也缺乏足够的物证。一时尚无定论，从而使这一古代人工建筑物至今仍未有令人满意的答案，成为太湖地区历史上一个待解之谜。

报道中所说的香山"藏军洞"，其构筑的材料和形状与前述已发掘的完全属于同一种类型，出土的文物也未见有新的突破性的东西。在这种情况下，断然宣称其为吴国建造用以防止楚国进攻的藏军洞是值得商榷的。前已说到，"藏军洞""烽燧墩"是明清时志书对这一早在春秋之际就已存在的人工建筑物的称谓。明清以前的史籍记述太湖地区早期历史时，未见有此名称，例如成书于东汉的《越绝书》《吴越春秋》是记述吴越历史的专著，内中有"石室""窟室"的记载而未见有什么藏军洞。这说明"藏军洞"的名称缺乏早期的文献依据。故而文物考古工作者虽也使用"藏军洞""烽燧墩"的名称，但常常加有引号，表示它们并非这种人工建筑物的真正名称。为了客观地表述这种建筑物，现在考古界一般多称之为"人工石室建筑"或"石构建筑"，以避免名实不符和由此而引起的误解。

在了解了上述情况之后，再回过头来看一看报道中关于"香山是春秋战国时期兵家必争之军事要地，吴国在香山建造这些藏军洞，是用来防止长江北岸的楚国来偷袭进攻"的说法，其未免失之武断了。首先，香山非深山峻岭，只不过是江南平原上突起的

考辨苏州

一座小山，假定说楚国来攻（事实上楚国并未在此进攻吴国，容后详说），何以不避开重重设防的香山从平原地带进军，而偏要到香山去硬碰硬呢？我们知道，任何军事上的战略和战术思想的形成和发展，不可能脱离当时生产力的发展水平。没有航空器的发明和应用，就不存在争夺"制空权"的问题。同样，在没有火药的历史阶段，特别是缺乏射程较远的杀伤性武器的时候，根本不可能产生控制高地的战术思想。徒手使用简单武器作战，派些人登高瞭望是需要的，把大批人马拉到山上则是愚蠢的、危险的。晚于战国将近500年的三国时期，诸葛亮用马谡防守街亭，马谡不听丞相的告诫，擅自屯兵南山之上，被魏将张郃切断"汲道"（运水的道路），结果大败，孔明几乎被俘。这是《三国志》正史所记，并非京剧《空城计》的编造。由此说明，离开一定的历史背景和社会条件去研究问题，只能是隔靴搔痒，离题万里。

其次，"香山是春秋战国时期兵家必争的军事要地，吴国在香山建造藏军洞以防止楚军进攻"的说法，也得不到历史记载的佐证。根据《左传》《国语》等史籍记载，吴楚之争始于寿梦，直到夫差为止，可以说相互攻伐，连年不断。公元前473年吴为越所灭，即进入战国时代。所以若言吴楚交战则必在春秋时期。既说战国时期的藏军洞，就与吴楚相争无涉。考察春秋时两国交战地点，多在今安徽巢湖一带，而且吴攻入楚境的次数多，阖闾九年（前506年）吴王在伍子胥、孙武的佐助下，曾一举攻陷楚国京城郢都（今湖北江陵），掘楚平王之墓，鞭尸三百为子胥报了杀父之

"藏军洞"里不藏军

仇。楚虽也多次攻吴,但最深只攻到朱方(今镇江附近),占过衡山(今吴兴境内),但未见有到过张家港一带的记载。当时吴楚边界虽时有变化,但主要在今湖北(楚)和江苏(吴)之间的江西、安徽境内。古有"吴头楚尾"的说法,指的就是这一地区。王僚九年(前518年),吴楚边界发生争桑的冲突,其地钟离即今安徽凤阳,距香山还是比较远的。彼时,今江苏所属长江北岸,为徐、郯、郧等小国所有,后来先后被吴国所灭,楚国是在灭了越国之后,才到达那里的。再说香山当时处于长江入海口的沙嘴区,据新编的《沙州县志》记载,香山周围一带的大部分土地是在距今七八百年前才成陆地的,春秋时期还是汪洋一片,是不可能成为"兵家必争"之地的,如果选择在这一带渡江岂不是自寻险路!以上之所以反复列举史实,目的是想说明,考古研究允许推测,但推测要有所依据,推测出来的东西只能是一些可能性,而非科学的结论。否则,随意而言就缺乏科学态度了。

我们应当采取实事求是的科学态度,有一分证据,说一分话,而不是过早地下结论。总之,学术研究要力戒浮夸。以上所见所言,如有不当之处,欢迎批评。

考辨苏州

"鹤市"——被误解的典故

凡是熟悉苏州历史的都知道,"鹤市"这个小典故,来源于东汉赵晔所著《吴越春秋》如下一段记载:

> 吴王有女滕玉,因谋伐楚,与夫人及女会蒸鱼,王前尝半而与女,女怨曰:"王食鱼辱我,不忘久生。"乃自杀。阖闾痛之,葬于国西阊门外。凿池积土,文石为椁,题凑为中,金鼎玉杯,银尊珠襦之宝,皆以送女。乃舞白鹤于吴市中,令万民随而观之,还使男女与鹤俱入羡门,因发机以掩之。杀生以送死,国人非之。(江苏古籍出版社《吴越春秋》,1986年版,第36页)

另一本也是东汉时成书,专门记述吴越史事的《越绝书》也记有此事:

"鹤市"——被误解的典故

阖闾子女冢,在阊门外道北。下方池四十八步,水深二丈五尺。池广六十步,水深丈五寸。隧出庙路以南,通姑胥门。并周六里。舞鹤吴市,杀生以送死。(上海古籍出版社《越绝书》,1985年版,第11页)

《越绝书》所记,略去了吴王葬女的细节,增加了坟墓的地点和尺寸,似乎说得更具体了。实则这都是后人记录的有关春秋吴国的传说,往往因传闻之不同有所增删,附会假托之词亦在所难免。到了唐代,陆广微在《吴地记》"女坟湖"条目下,除引用了《吴越春秋》关于吴王葬女的资料外,同时又载有夫差小女幼玉,见父无道,轻士重色,又因与书生韩重为偶不果结怨而死,被夫差葬之于阊门外的事。宋朱长文《吴郡图经续记》上也是二说并存。依笔者的愚见,阖闾葬女的传说与当时存在的奴隶社会的殉葬制度似是更为符合一些。但是,阖闾子女冢也好,女坟湖也好,其址早已无从查考了;而"舞鹤于吴市中"的古老传说却一直流传了下来,并且形成了"鹤市"的典故。

"鹤市"之典始于何时,尚难确证。不过,晋左思《吴都赋》中"东有铸剑残水,西有舞鹤市廛"句中已可见到"鹤市"典故的影子。后来明清时期的诗词楹联中"鹤市"典故的使用就很普遍了。而就其被使用时所赋予的含义来说,无一例外地都是具体指一个地点而非代表整个苏州。所以,"鹤市"对于苏州,不像"羊城"之对广州那样具有代称的意义。因此,如果离开了吴王葬女

的传说，"鹤市"的含义就是不确定的，既可解释为"舞鹤于市"，也可解释为"卖鹤于市"等。在这一方面，前人在运用"鹤市"之典的时候从未用以代表苏州。例如，清乾隆进士吴锡麒《虎丘三首》诗的第一首开头有"虎气消沉鹤市荒"之句，由钱仲联教授编选、杨德辉同志等注释的《苏州名胜诗词选》（苏州文联印）第286页上是这样注的：

鹤市，吴王阖闾为葬爱女，命人放鹤于市，引百姓围观送葬，其地因称鹤市。今皮市街北口有鹤市桥。

这个简要的注解是很正确的，内"鹤市桥"当为"鹤舞桥"之误。鹤舞桥，宋《平江图》有载，并见于以后所出的苏州城图中。范成大《吴郡志》、卢熊《苏州府志》、王鏊《姑苏志》等均著录，民国时期因河道填塞已变为有名无桥了。鹤舞桥坐落皮市街与古市巷（今称白塔西路）交会处，相传苏州最早的商市就在那里，向西还有东、西中市与之相连，说明这些路名都是有来历的，不可任意更改，鹤舞桥也应树立标志不使湮没才好。总之，传说中吴王令人"舞白鹤于吴市中"的地方就在那一带。著名南社词人黄摩西任教东吴大学时家居严衙前查宅，曾有《台城路》词一首，内中有"左接葑门，右通鹤市，后望双浮图寺"的句子，内中的"鹤市"更是明确无误地指一个具体地方而非苏州。否则，在严衙前背双塔而立，说"左接葑门，右通苏州"是讲不通的。

"鹤市"——被误解的典故

还有一个例证就是现在拙政园远香堂门柱上悬挂的一副撰于清光绪年间的抱对,其中下联开头是这样写的:"蛇门遥望,鹤市旁连,此地有佳木千章,崇峰百叠。"蛇门为苏州古城门之一,其址约在今人民桥东(大约在原苏州轮船公司内),从拙政园看蛇门当然是"遥望"了;而"鹤市"就在拙政园不远的地方,故曰"旁连"。这不是清楚地说明"鹤市"不代表苏州吗?

有人辩解说,"舞白鹤于吴市中"的"吴市"不是指"苏州"又是指什么呢?不错,"吴"是指苏州,但这里的句子是"舞白鹤于吴市中","市"就是商肆,亦即现在所称的大街。译成现代白话就是"舞白鹤于苏州的大街上"的意思。总而言之,不论怎样解释,"鹤市"都无代表苏州的含义。离开苏州历史上为人们所公认的"鹤市"典故的固有含义去使用这和解释这个典故都是不应当的。

考辨苏州

也说"吴市吹箫"

"吴市吹箫"的掌故,见于《史记·范雎、蔡泽列传》,说的是伍子胥逃奔吴国"乞于吴市"的故事。故事中人物、情节、时间、地点都已交待得很清楚,实无再说的必要,何以本文的题目用了"也说"二字呢?这是应当首先要向读者说明白的。

话要从头说起。某报有《话说"吴市吹箫"》一文,内中把伍子胥"乞于吴市"的地望,断在今苏州古城内干将坊一带,观其所列论据,颇多穿凿附会之处,并且文中引用古籍记载,任意篡改杜撰。如把伍子胥应吴王僚的召见,"上殿与语,三日三夜,语无复者"的事,说成是觐见阖闾,说什么"阖闾是由城名而作为人名的";还将当时有水陆城门八座的阖闾大城说成"有阊、胥、盘、蛇、相、娄六门,后世增开城门,规模未变",等等。为不使谬误流传,贻害读者,我写了一篇小文,善意地指出其错误,希望予

也说"吴市吹箫"

以更正。

关于伍子胥"乞于吴市"的地望,报上原文为:

> 吴市的地望,《吴门表隐》有记,"吴市在乐桥干将坊,即东市门,又东有尽市桥(今名兴市桥)"。所注地名是后世才有的;春秋时代的吴市,大概而言,相当于现在的一条干将路,再往东头,稍作延伸,就是今之兴市桥,早先的吴市至此而尽。

作者言之凿凿,好像他曾亲自到过春秋时代的吴市一样。实则这是自说自话,经不住分析的。

第一,《吴门表隐》作于清道光间,所记属于作者亲见亲闻的资料是很珍贵的,但讲几千年前的事就只能供参考了。书中说的吴市,并没有指明是伍子胥吹箫行乞的吴市。史籍中说到吴市的,除了伍子胥"乞于吴市"的"吴市"外,尚有阖闾(一说夫差)葬女,"舞鹤于吴市中"的"吴市"(《越绝书》《吴越春秋》等均有记载),以及战国时楚春申君黄歇所造的"吴市"(见《越绝书》卷二),在没有充分证据的情况下,怎么能将《吴门表隐》中所说的"吴市"和伍子胥吹箫行乞的"吴市"联系在一起呢?

第二,据《史记》记载,伍子胥逃离楚国辗转奔吴是在吴王僚五年(前522年),而阖闾大城是在八年后的吴阖闾元年(前514年)才建立的,城还没建,哪来的"吴市"?至于说到诸樊南迁的事,众说纷纭,更加难以考实。因为"寿梦卒,诸樊南徙吴"(见

考辨苏州

《史记·吴泰伯世家》)只是其中一说,还有记载说"南徙吴"的是阖闾。对于"南徙吴"的所在位置,有说是在横山一带的,有说在平门外的,也有说在子城(今苏州公园)一带的,莫衷一是,如果仅据其中一说考定"吴市"地望,是很难令人信服的。

第三,前已提到,"吴市吹箫"的掌故已将人物、情节、时间、地点讲得很清楚,《史记·范雎、蔡泽列传》的这段记述全文如下:

伍子胥橐载而出昭关,夜行昼伏,至于陵水(《索隐》刘氏云:"陵水即栗水也。"按陵栗声相近,故惑也),无以糊其口,膝行蒲伏,稽首肉袒,鼓腹吹篪(《集解》徐广曰"一作箫"),乞食于吴市,卒兴吴国。

这段话是"吴市吹箫"掌故的出处,从注释可知,乞食的地方是在陵水,即今溧阳境内,彼时属于吴国版图。这和《史记·伍子胥传》中"伍胥未至吴而疾,止中道,乞食。至于吴"的记载是一致的,就是说伍子胥讨饭的地方是在"中途",即陵水。句中的"未至吴"和"至于吴"的吴均是指当时吴国的都城。既然伍子胥乞食的地方是在中途,却要在吴国都城中去寻找伍子胥乞食的"吴市",岂不是南其辕而北其辙吗?

或者说,《越绝书》《吴越春秋》等书有关伍子胥"乞于吴市"的记载,都说是在他"至吴"之吴"之后,这又如何解释呢?

也说"吴市吹箫"

我认为首先这个"吴"的概念可有两种解释，一是吴国的"吴"，一是吴都的"吴"，不可擅断其一。再者前已说过，当时的吴都所在至今争讼未决，怎可独宗一说呢？事实上，司马迁等人笔下"乞于吴市"的"吴市"是泛指，用现在的话说就是在"吴国集市上讨饭"的意思，吴市应不止一处，不必要也不可能考定为一个地点，硬要作答只能是画蛇添足而已。

从报上文章看，作者对苏州的古城门是不够清楚的，这也难怪，苏州古城门变化多，记载又不尽一致，一般人很难搞得清楚。本文开头已指出过，苏州古城的前身为阖闾大城，是因吴王阖闾的名字而命名的，并非报上所说是"因城名而取为人名"的。如果报上的说法成立，则吴国历史上就多出了一个如同"先有鸡还是先有蛋"那样的问题了。据记载，当时有水陆城门八座，城门的名称记载虽稍有出入，但比较一致的是西为阊门、胥门，南为盘门、蛇门，东为匠门、娄门，北为齐门、平门。阊门曾称破楚门，盘门古作蟠门，匠门又称干将门（亦即后来的相门），平门又名巫门。另外还有一个赤门，其开辟和封闭的时间无考。笔者猜度，赤、蛇或为一门也未可知。后来城门少起来了，蛇门、相门堵塞的时间约在宋初，平门封闭的时间可能稍早一些。至明清时期苏州古城一直为阊、胥、盘、葑、娄、齐六门，除胥门外均有水门。民国以后，随着城市交通的需要，先后开通了平门、相门，增开了金门。20世纪80年代以后，又在万年桥南修复了古胥门。金门之南的新阊门也找到了，但未保留。金门开设之前，在修建景德路的时候先开了新

考 辨 苏 州

阊门,有一位堪舆家认为新阊门位置不祥,不利于苏州的发展,亲自选定了金门的位置,造成了景德路现在的弯曲形状,还有苏州古城墙原是土筑,五代梁龙德二年(922年)才改为砖砌。元末张士诚占据苏州时,为加固城防,在六城门外加筑了瓮城(也称月城)。民国17年(1928年)阊门拆瓮城时拆出了张士诚的《新建瓮城记铭》碑,李根源先生得知后从一位石工手中买回,新中国成立后,此碑捐献给江苏省博物馆,现藏在南京。据碑文记载,阊门瓮城建于"天佑(编者注:天佑为吴王张士诚年号)三年十二月"(1356年)。有人在《中国文物报》上介绍盘门,说是瓮城春秋时就已存在,这是不对的。

以上是有关苏州古城城门的历史演变简况,趁此机会简要介绍一下,可免除翻查志书之烦。苏州的历史文化是丰富的,仅仅这八座城门的名称、掌故就多不胜述,欲详细了解就需要去翻阅志书了。

苏州不姓"苏"？

苏州不姓"苏"？

众所周知，"苏州"的名称是隋文帝开皇九年（589年）改定的，据记载是因西南郊有姑苏山而名。对于这个"苏"字，《人民日报》（海外版）《神州》上的那篇文章是这样说的：

苏州素有"鱼米之乡"之称，而"苏"字就是由"鱼"和"禾"组成，因此用篆体的"禾"字符游鱼的象征图案构成了标志的花边。

说苏州是"鱼米之乡"，这当然是对的。但这和"苏"字的构成是风马牛不相及的两码事。该文作者在这里背离汉字的造字原理，望文生义，采取测字先生的方法去解释"苏"字是不科学的，因而是错误的。

"苏"，《说文》曰："桂荏也，从艸穌声。"其本义是一种草

考辨苏州

名，即今日之紫苏。我国的汉字是按照"六书"（象形、形声、指事、假借、会意、转注）的原理形成的。作为草名的苏是一个形声字，"艹"象其形，"稣"注其声，不论其形其声都和苏州有"鱼米之乡"的美称不搭界。"苏"字在金文作"鱼"，作"木"。再说紫苏草是生不出大米来的。所以把"稣"字拆为"鱼""禾"两个部分是错误的，因为违背汉字的造字原理。

更为重要的是，作为苏州的"苏"字，其来历又是一回事。据史籍记载，先秦时代江浙一带是吴越人的居地，其语言和中原地区的华夏人有很大不同，当时的许多地名就是用当地部族的语言命名的。对于苏州的"苏"字之解释，国内从事吴越文化研究的专家虽无定论，但比较多数的意见认为苏州的"苏"字是古越语的汉字注音，而非汉字"苏"的本义。根据一些研究者的考证，苏、胥、余、虞、吴、鱼等这些用于记载春秋吴越时期地名、人名的字都是相通的，因为它们的读音相近。《史记》《国语》中所记的姑苏山、姑苏台，在《吴越春秋》里称姑胥山、姑胥台，如"栖越王于姑胥山""急诣姑胥之台"即是。《吴郡图经续记》"姑苏山"条目下云："或曰姑胥，或曰姑余，其实一也。"可见古人早已弄清楚了这些汉字是用来记音的。否则，汉字为一字一义，是不可互相取代的。所以苏又同吴，同虞，同鱼。据20世纪30年代间因研究吴越文化而闻名的学者卫聚贤的考证，"姑苏"即"句吴"（详见1936年8月《江苏研究》二卷78期《姑苏台》，江苏省吴文化研究会编印的《吴文化研究资料》第二辑收有此文）。吴国的始祖泰伯之弟

苏州不姓"苏"？

仲雍，《史记》作"虞仲"，《吴越春秋》说"一名吴仲"。上方山的"吴城"，《吴郡志》作"鱼城"，等等。总之，苏州的苏字不能以汉字的原义妄加解释，否则必然闹出笑话，在这方面古今都有这样的例子。

例如，王莽篡汉后曾将"无锡"改为"有锡"，把无锡的"无"字当作有无的"无"了。《西湖游览志余》把余杭解释为：禹到会稽，至此舍杭（引者注：杭，渡也，与航通。）登陆，故名禹杭，又名余杭。凡此都是不知这些地名是吴越地名的缘故。古时"吴越二邦，同气共俗"。句吴和于越在语音上也是相近的，有的认为就是一个民族即越族。吴越地名、人名中有不少共同点，如吴地名中有句吴、句容，越人名中有句践、句章；吴地名有无锡、芜湖，越人名有无僵、无余，等等。据《越绝书·地传篇》载："越人谓盐曰'余'。"由此我们知道浙江的余杭、余姚、余暨等地的名称都是和当时的盐业生产有一定关系（详见上海古籍出版社《越绝书》陈桥驿《点校本越绝书序》）。明白了这些，也就不难知道前述对建城纪念标志上"苏"字的解释，乃是不知苏州之"苏"系古时之读音而曲解为作草名的"苏"，又进而强行支解为"鱼"和"禾"，并与苏州是"鱼米之乡"无端联系起来的结果。

考辨苏州

"一字之误"和"四字之争"

1986年8月间,赶在苏州建城两千五百年纪念活动揭幕之前,重修唐寅墓的工程如期完成。墓地经过整理依原状复建了碑亭,补植了松柏,并于墓南新构了供陈列用的厅堂建筑,面向苏福公路的大门前树起一座二柱出头石牌坊,横坊正面"唐伯虎墓"和背面"名传万世"的题额,镌刻得端庄大方,浑厚有力。看来一切就绪,只待剪彩开放了。然而过了不久,牌坊上的字又统统被敲去,这究竟是怎么回事呢?

原来这中间有着一段颇堪一记的小掌故,具体来说就叫作"一字之误"和"四字之争"。

先说这"一字之误"。记得是在1986年的六五月间,市文管会曾组织我们离退休的文博工作者去唐墓工地参观,当走到新立的石坊前时,有同志介绍说,日前省顾问委员会主任柳林同志曾来唐

"一字之误"和"四字之争"

墓视察，对修建工作提了一些意见，其中对墓坊上的刻字，认为不用"唐寅"之名而以其字"伯虎"称之有违古例，同时"名传万世"的评价对唐寅也不够适当。大家听了都感到柳林同志所见甚是，特别是"名传万世"四字值得推敲。唐寅虽是著名的画家和诗人，但并非功垂万世的人物，过头的颂扬之辞，很难说是对古人的尊重，倒显得今人没有分寸，因此众人皆赞成设法补救。但是，这"名传万世"又是怎样确定下来的呢？据经办的同志说，石坊上所有的字都是依照1966年2月8日"文革"开始前不久对唐墓的一次调查记录刻制的，根据文物"整旧如旧"的原则，似乎又没有错。这到底是怎么回事呢？我不禁纳闷起来，决心寻个究竟。

正巧1957年负责修建唐墓的原市文管会老专家钱镛同志在场，我当即向他请教。钱老对那次修建的某些细节仍然记得很清楚，但对墓坊上的题刻因未曾经手而不够了解。他建议我去看谢孝思先生，因为谢老当时主管全市的文物工作，直接领导了那次修建，许多情况是最清楚的。于是在一次遇到谢老时我便讲起唐寅墓坊的事，问他是否记得"名传万世"的来历。谢老听后稍稍思索了一会说："错了，他们搞错了，当时石坊上刻的不是'名传万世'，而是'名传万口'！说起这四个字，还有过一番热烈的争论哩！"接着谢老便向我讲述了当年墓坊题额拟定的经过情况，亦即"四字之争"的来历。

"那是1957年的三四月间，国家文物局王冶秋局长来苏州，我向他顺便讲起整修唐寅墓缺乏经费的问题，他慨然应允拨款

考辨苏州

1000元。不久款子便汇来了，修墓工作遂行开始。"谢老讲到这里，又特别补充说，那时物价平稳，千元是不小的数目，整修的各项开支尽够用了。他们在掌握上也力求节约，墓前要立石坊，他亲自去山塘街选了一座旧坊加以改制。为拟定坊上题刻的内容，专门邀请了苏州文化界的知名人士座谈商量。记得到会的有汪旭初、柴德赓、周瘦鹃、范烟桥、程小青、蒋吟秋、顾公硕、陈涓隐等先生。这些先生热爱苏州古城，通晓地方掌故，特别对历史文物的修护是十分关注而热心的。由于彼此稔熟，相处比较随便，遇有争论，各抒己见，异常热烈。那天座谈会上汪老首先发言，他说："唐寅，唐伯虎嘛，书画自然是好的，人也忠厚，但亦不过名气大罢了，我看'名传万口'也就可以了。"汪老说罢范老表示赞成。范老为人直爽，从不讲违心的话，他的表态说明他与汪老确实持相同的看法。接下来是谢老讲，他说："汪老所提'名传万口'是好的，但我认为'一代才人'既不抬高，也未贬低。"柴德赓先生支持谢老的意见，他强调说唐寅之所以有名，乃是因为唐寅有才，更为难得的是他处世不求闻达，"一代才人"当之无愧。范老立刻反驳说："苏州人文荟萃，自古才人多矣，明代与唐寅同负盛名甚至超过的就有好几位。如果唐寅称'一代才人'，其他人怎么说法？"至此，两种意见相持不下，比数是二对二。在此种情势下，周老持二者皆可的态度，程小青先生赞同谢老的意见，蒋老以汪老意见为是；顾老则取中庸之道，后来又稍倾向汪老一边。就这样汪老的意见占了多数。"名传万口"便这样定了下来。最后谢老故作认

"一字之误"和"四字之争"

真地对汪老说:"老师,您有私心!"汪老一怔:"我有何私心?"谢老说:"这墓坊题额是决定请您篆写的。'名传万口'比'一代才人'好写,这不是私心吗?"众人听了谢老的话不禁哄堂大笑,于是座谈会就此结束。谢老稍停顿一下接着又说:"如今距那时已过去了30年,昔日一起参与讨论的诸老已先后作古,在世的只剩我一个人了。"说罢谢老不免有些感慨系之。我听了谢老的讲述,知道了"四字之争"的经过,也明白了"一字之误"的原因,很可能1966年调查时石坊上字迹比较模糊,误将"口"字看为"世"字,以致闹出上述一番波折。如果不是请教谢老,这桩公案也许永远成为历史之谜了。由此也勾起了我对已故诸老的深切思念,我常想如果他们仍然健在,苏州古城的文物工作将是多么得力啊!然而老成凋谢,自然的规律是不可逆转的,落在我们后人身上的担子就格外地重了。

1986年10月22日,唐寅墓在苏州建城纪念活动的高潮中正式揭幕。那天谢老显得十分高兴,他先和黄铭杰副市长一同剪了彩,又在唐寅墓前发表了即席讲话,畅述他对苏州文物工作取得新进展的欣慰心情,并呼吁进一步扩大唐寅墓保护范围,控制四周土地,以便规划和建设成为一处文化公园。他的讲话赢得了在场各方面人士的热烈掌声。然后谢老便被请到闲来草堂休息。我恰巧与谢老同坐一桌,相谈之下话题又落到唐墓石坊上,谢老说:"我始终认为,唐寅这样的江南第一风流才子,称得上是'一代才人'。若论评价,没有比'一代才人'更恰当的了。"我听后不仅对谢老的

考辨苏州

见解甚为赞同，尤其为他数十年如一日热爱苏州、关心文物的执著精神所感动，我马上以征询的口吻对谢老说："那是不是就请谢老当场挥毫，把这四个字写下来呢？"谢老谦虚地笑了笑，爽快地答应了。市文管会的汪家骅同志立刻把谢老请到摆好笔墨的另一张桌子前，人们也纷纷围了过去，只见谢老定了定神，轻轻拿起了笔，蘸足了墨，打量了一下铺陈在桌子上的宣纸，然后俯下身去，悬腕运笔，一挥而就，四尺宣纸上赫然而现的正是"一代才人"四个大字。这四个字笔画绝少，是颇不容易落笔的，然而在80高龄的谢老笔下，却是那样气势连贯，遒劲老健。这自然是谢老书法功力独到，但我觉得那天谢老兴致很高，更为他的翰墨增添了非凡的韵致和魅力。

大运河——苏州的母亲河

京杭大运河苏州段，西起苏州、无锡二市交界的望亭五七桥，南至苏、浙两省交界的鸭子坝（老线至王江泾），流经苏州市区和所属相城区、吴中区以及吴江区境，全长81.265公里。苏州段的长度虽在全运河总长度1794公里中只占1/22，但它是全运河开凿最早、历史最久、水源充沛、河道稳定、航行通畅、货流量大、功能显著、效益最好的一段。沿河两岸自古经济繁荣、城镇密布、文化发达、古迹众多、风景秀丽，苏州被誉为全国的粮仓和财库，并以人文荟萃而著称；而今在改革开放、建设中国特色社会主义、率先实现小康社会的进程中又是发展最快、最富活力、最具特色的地区之一，其辉煌的成绩为海内外所瞩目。可以说大运河这条贯通我国南北的交通大动脉，给苏州带来了无尽的物质财富和精神财富，是苏州的母亲河。

考辨苏州

京杭大运河的苏州段穿越长江三角洲太湖流域的腹地，沟通长江、太湖水系，连接苏虞线、苏申内外港线、长湖申等航线，并与苏南纵横交错的网格化塘浦体系相沟通，成为联结城乡、通达全国、无往不至的水上通道。就其流向和地理位置来说，苏州段可分为三小段：

西段自望亭的五七桥至枫桥，称为苏锡段，河线顺直，水流偏东西走向，长约18公里。

中段原自枫桥经绕苏州古城阊、胥、盘三门外的闹市区，穿觅渡桥南下宝带桥，称为市河段，河线弯曲，水流自西向东沿古城外濠折东复转南，长约14公里；1959年因航行不便，改由枫桥直南，沿枫江至横塘入胥江而至盘门；1985年为进一步改善航道和城市环境，于横塘南开辟新河，穿越胥江，傍石湖，经澹台湖至宝带桥入归大运河原线。

南段原自宝带桥经吴江区所在的松陵、八坼、平望、盛泽于王江泾出省境至嘉兴，称苏嘉段，长约50公里，河线呈南北走向，水的流向不定，时而向南，时而向北；1980年后为缩短航线，于平望镇西新辟短河，取道烂溪塘至江浙交界的鸭子坝直趋杭州，从此航线不再经嘉兴，苏嘉段的名称成为历史。

从大运河苏州段历史发展的实际情况看，上述三段实际上可归为北、南两段。北段有闻名海内外的苏州古城和近郊的望亭、浒墅关、枫桥、横塘、越溪、木渎、光福、甪直等古镇，南段则有松陵、同里、周庄、平望、芦墟、盛泽、黎里、震泽、七都等水乡名镇。

大运河——苏州的母亲河

它们的发展壮大以至成为我国为数不多的历史文化名城或名镇，都是与大运河这条黄金水道有密不可分的关系的。

而就新老线各自的特点来说，新线顺直通畅，方便船只航行；两岸现设有大小码头146个，河上建有公路桥梁36座，内3座为高速公路桥，形成水陆交织、车船络绎的立体画面，显示了时代的进步。老线弯曲辗转，沿线留有许多古桥和文物名胜，著名的有文昌阁、寒山寺、铁铃关、越城遗址、宝带桥、垂虹桥遗址和吴江塘路遗迹、先蚕祠、柳亚子故居等；沿河两岸经公布为各级文物保护单位的共500余处，其中国家级文保单位苏州古城区有25处，吴江区有3处，其中苏州古典园林和非物质文化形态的昆曲已被列入联合国世界文化遗产名录。这些历史人文印痕是昔日地方文明的光辉记录，承载着许多历史和科学信息，已成为国内外游客观光的热点。

追溯历史，大运河苏州段古城以北河段始建于春秋末，以南河段则建于秦汉时期。两段运河的开挖和通航均早于隋代所开南北大运河。

我们知道，苏州自古多水，洪荒泛滥，号称泽国。相传经过夏禹的治理才出现了"三江既入，震泽底定"（《禹贡》）的局面，先民们方始在多水的艰难环境中立足、生息。直到吴王阖闾命伍子胥辟建苏州古城的前身——阖闾大城的时候，面临的仍然是"险阻润湿，又有江海之害"的水威胁（《吴越春秋·阖闾内传》）；经过伍子胥"相土尝水"所勘定的城址至今未有变动，这在中外古

七九

城中是罕见的。历史表明，吴地的每一步前进都是先辈们与水相周旋的结果，可以说苏州的历史就是一部化水害为水利的历史。

据《左传》记载，鲁哀公九年"秋，吴城邗，沟通江淮"。此即吴王夫差十年（前486年）吴国为争霸中原，起师北伐所开名为邗沟的水上通道。邗沟亦即《越绝书·吴地传》所记的"吴古故水道"。这条水道"出平门，上郭池，入渎，出巢湖，上历地，过梅亭，入杨湖，出鱼浦，入大江，奏广陵"。经专家、学者考证，内中的巢湖即糟湖，一名蠡湖，在今苏州之北，西通太伯渎，相传为范蠡伐吴所开；梅亭在今无锡，杨湖即今常锡间的阳湖，鱼浦为今武进西北的孟河（另一说认为是今江阴西利港），广陵在今扬州西北罗岗上。这条线路限于当时技术条件，避开奔牛至镇江间的丘陵高地，而于地势较低的孟河入江，因而其路线与后来的大运河不完全重合，但其在苏州境内的一段确系当时所开邗沟的起始段。后来夫差又将邗沟北延"通于商鲁间"（见《国语》），正是靠着这条水道，吴国才得以北威齐晋，争霸中原的。而齐、鲁、徐等北方诸国先进的礼乐文化也经由这条水上通道交流到南方，从而对吴地的人文发展产生了重要的影响。

大运河苏州古城以南河段的开通与北段有着完全不同的情况，它不是凿地开沟，而是从水中筑路隔离出一条稳定的航道。因为秦汉之前太湖以东直至东海是一片茫无边际的水域沼泽。据《史记》记载，秦始皇三十七年（前210年）东巡时，"过丹阳，至钱塘，临浙江"，回程"过吴从江乘渡"，可知当时已通航。后来汉

大运河——苏州的母亲河

武帝"开河通闽越贡赋，首尾亘震泽东濡百余里"（转引自清同治《苏州府志》），接通了秦时开挖的杭嘉运河。但是直到唐代时，苏州以南仍是一片沼泽地带，不仅不通陆路，船只往来亦因波涛汹涌常遭覆溺。为了漕运和驿递的便利，唐元和五年（810年）在这片水域中修建了一条长堤，沟通了苏州至吴江的陆道。宋庆历年间（1041—1048年）又沟通了吴江至平望的陆道，形成了一条贯通南北、水陆俱利的长堤，这就是历史上有名的"吴江岸"，也叫"吴江塘路"，又称"石塘"。从此河湖分开，改变了挽纤不便、驿递不畅的问题。至今吴江境内尚可见塘路的遗迹，使人想见昔日船运繁忙和陆道上行旅南来北往的热闹情景。

宋代以后随着江南的日益繁盛，历代都重视对江南运河的疏浚、整治和管理。唐代时为保持运河一定的水深曾筑有堰闸，白居易在苏州为刺史时曾有"半醉凭槛起四顾，七堰八门六十坊"之句，北宋熙宁五年（1072年）日本僧人成寻参拜五台山过苏州时也曾记到上亭（即望亭）堰闸的状况。后来由于水利的开发，水情趋于平稳，为方便航行，提高航速，南宋时苏州已将堰闸撤除，说明彼时十分注重运河的管理，苏州段的航道已十分稳定通顺。元代将大运河延至京城大都（今北京）之后，苏州与京城的关系更加密切了。明永乐时定都北京，民用军需仰赖南粮北运，大运河被称为"漕河"，包括苏州段在内的江南运河统称"浙漕"。永乐八年（1410年）十二月，"以苏州吴江县石塘官路，右临太湖，左滨松江，南至平望、嘉兴之土石坍塌，桥梁断坏，议修理，计用役夫

八一

考辨苏州

37400余……修成70余里,建泄水洞131处"。一直到明崇祯末,江南巡抚张国维为民治水不遗余力,曾多次维修吴江石塘,清代也非常重视塘路的维护,由此可知大运河苏州段的维护重点在吴江塘路,其余河段均是河宽水平、畅通无阻的。

清代康熙、乾隆二帝更是特别重视江南,他们各有六次南巡,都是顺运河而到达江南的。彼时清人入关已久,经过康熙帝的励精图治,社会渐趋安定,至乾隆帝时国家臻于鼎盛,江南地区较之国内其他地区发展更快。苏州是江苏巡抚衙门驻地和苏州府治以及吴县、长洲、元和三县县衙所在,工商繁荣,人文荟萃,已成为国内最繁华的城市。据记载,乾隆时苏州是国内丝织生产中心之一和江南棉布的主要集散地。丝织作坊集中于城内东部,有"东北半城,万户机声"的说法;染踹业则分布在阊门、山塘一带,踹工多达二万余人;做绸布批发的商铺大多开设在阊门内外,自阊门至胥门运河码头接连不断,"各省都会客货聚集,无物不有,自古称为天下第一码头"(转引自姚汉源《京杭运河史》)。苏州的太平繁荣受到乾隆皇帝的青睐,视为他政绩的体现,便命随驾的御用画师、苏州人徐扬绘制了一幅《盛世滋生图》长卷。画中真实细致地描绘了苏州古城阊、胥二门外大运河上舟船云集、两岸市廛鳞列的情形,为中国早期资本主义萌芽留下了生动形象的资料。

其实对于阊门外运河的繁盛,历代文人多有颂扬和赞美。如晋代文人陆机《吴趋行》。为什么讲吴趋的历史要从阊门说起呢?

大运河——苏州的母亲河

因为阊门不仅古老而且繁荣,原因在于那里有一条大运河,亦即诗歌中所说的"通波"。唐代著名的《枫桥夜泊》诗中"姑苏城外寒山寺,夜半钟声到客船"的句子,实际上是从一个侧面对当时大运河上商旅往来至夜不绝的实写。后来发展到明清时期,苏州阊门的闹市西延至枫桥,有所谓"打听枫桥价"的谚语,因为那里是闻名的米市,粮价要看枫桥的行情。正是靠着这条黄金水道才产生了"十里金阊"的繁华,成为《红楼梦》中所说的"一二等风尘之地"。清末苏州是国内对外开埠通商的城市之一,始设的海关即在大运河觅渡桥畔,苏州人习称为"洋关"。苏州最早兴办的现代工业——苏纶纱厂和苏经丝厂也建立在今人民南路北端东、西两侧运河岸上。后来民国时期陆续兴起的民族工业如鸿生火柴厂、太和面粉厂、苏州发电厂、民丰锅厂、华盛造纸厂、嘉美克纽扣厂、苏州米厂、裕华肥皂厂等无一不是沿阊门外大运河沿岸分布的。应当说,没有这条大运河就不可能有今天的苏州。

苏州城乡发展的历史和现状雄辩地说明,正是由于运河的沟通,拉近了城乡距离,缩小了城乡界限,促进了城乡发展。而在改革开放以后,沿河两岸高速公路四通八达,运河船队往来如梭,水陆交通互为补充,使苏州如虎添翼,进展神速。现在苏州境内北起苏州市郊的望亭、浒墅关,南至吴江区所属的平望、盛泽的大运河两岸已形成一条现代化的工业带,经济开发区星罗棋布,城镇港埠高楼林立,街道宽阔,店铺栉比,城乡面貌发生了深刻的变化。联合国教科文组织在贯彻《保护世界文化和自然遗产公约》

的最新一版《行动指南》中对运河的作用和价值有如下精辟的阐述:"它代表了人类的迁徙和流动,代表了多维度的商品、思想、知识和价值的互惠和持续不断的交流,并代表了因此而产生的文化在时间上和空间上的交流和相互滋养,这些滋养长期以来通过物质和非物质文化遗产不断得到体现。"以上表述深刻地揭示了从古到今苏州的发展与大运河的密切关系。正像日夜奔流不息的大运河一样,苏州人民前进的步伐也是与时俱进、永无止境的。

姑苏水乡

苏州是一座闻名世界的水乡城市，周城环濠，河道四通八达；城中街河并行，水道陆衢，小桥、流水、人家的江南水乡景观构成了古城最基本的特色，古往今来以其独具的魅力，吸引着无数中外观光者。

苏州地处长江下游的太湖流域，据史籍记载和考古发现，上古时期这里是一片汪洋，相传经过大禹的治理，疏而为三江，潴而为五湖，洪水才得到初步控制。直到二千五百多年前，吴王阖闾命伍子胥建城之际，面临的仍然是"险阻润湿，又有江海之害"的威胁。故而阖闾大城的辟建，首先要"相土尝水"，进行勘察。当时所筑周回四十七里的大城设有水门八座，小城亦有水门二座。水门的设立是城内水道存在的明证，说明具有多种功能的水道，发轫于建城伊始，是苏州古城的基础设施和重要组成部分。

考辨苏州

有关苏州城内水道的最早记载见于东汉时成书的《越绝书》，该书《吴地传·第三》记云："平门至蛇门，十里七十五步。……水道深广廿八步。"平门是阖闾城的北门，又称巫门，其址约在今平门附近。蛇门早已封闭，位置约当今人民桥东侧所在。看来这是一条贯穿全城的南北水道。周代一步为六尺，周尺相当后来市尺的六寸，廿八步折合公制为33.60米，河面是相当广阔了。这个记载虽比较简略，但与同书关于"吴古故水道，出平门，上郭池、入渎，出巢湖，上历地，过梅亭，入杨湖、出鱼浦，入大江，奏广陵"的记载相参照，两者似有密切关系，很可能它们是相通的。广陵即扬州，那里还有吴国开挖以通江淮的"邗沟"，当时吴国"西破强楚，北威齐晋"，靠的就是这条水上交通线，因而上述记载的史料价值不容忽视。

平门至蛇门的水道与志书所记的锦帆泾也有相合之处。《姑苏志》记曰："锦帆泾，即旧子城濠也。世传吴王曾作锦帆以游，故名。在大街西，贯乐桥南北市，直抵报恩寺。"大街即今人民路，于《平江图》和《苏州府城内水道图》（包括总图和四隅分治图，以下简称《苏城水道图》）上均可见此水道，可惜清初已湮塞，被长埋地下了。20世纪70年代初在乐桥北人民路西侧构筑防空工程时，整齐高大的河岸石驳墙清楚暴露在外，可证此河当时是颇为深广的。

战国时期，楚国的春申君黄歇封于吴，苏州城内水道又有所开拓。由唐张守节对《史记·春申君列传》"吴墟"句的注解知道，"大

姑苏水乡

（城）内北渎四从五横"至唐代犹存。苏州城的格局历史上无大的变化，唐以后更是如此，所以上述"四从五横"当是后来所称"三横四直"河的前身。由此说明，经过战国至隋唐期间的经营，苏州城内水道日臻完善，在此基础上而形成的水乡特色愈益突出，人们常常引用的白居易"绿浪东西南北水，红栏三百九十桥"和杜荀鹤"君到姑苏见，人家尽枕河，古宫闲地少，水港小桥多"的诗句，并非文学的夸张，而是当时苏州水乡风貌的真实写照。

唐宋以后，有关苏州城内水道桥梁的情况，不仅见于文字记载，且遗有绘制详细的地图。唐末《吴地记》著录苏州城内桥梁106座，其名称与后世完全相同，许多至今犹存。其后，宋代《吴郡图经续记》《吴郡志》，明代洪武《苏州府志》《姑苏志》等对水道桥梁都列专卷详加记述。南宋绍定二年（1229年）刻制的《平江图》，将全城自然和人工地理实体如实标绘，注有名称者有六百一十余处，内水道桥梁居其大半。明崇祯末《吴中水利全书》所附《苏城水道图》则是历史上对苏州城内水道桥梁绘制标注最为详尽的一幅。由上述志书和地图知道，由宋至明，苏州城内水道更形发展，至明末清初城内水道长度达到历史最高峰。据笔者根据明隆庆、万历间对苏州三横四直河官核丈尺推算，彼时城内水道总长在87—92公里之间，比《平江图》所载水道总长增加4公里多，桥梁也相应增加，使苏州成为我国水道最长、桥梁最多，以浓郁的江南水乡风光特色而闻名于国内外的城市。

考辨苏州

谈古风话旧俗

　　古语云:"千里不同风,百里不同俗。"因此,在我国古代,风俗是被视为一个地区基本情况的重要方面而载入志书之中的。苏州历史悠久、风土清嘉,有优秀的文化传统,故而历代志书都重视对吴地风俗的记载,层累地反映了前人对风俗的认识和研究成果。这些珍贵资料对于我们继承和弘扬民族优秀文化,移风易俗,加强精神文明建设是有一定参考作用的,故特将我阅读苏州旧志所记吴地风俗的心得述之于后,以供民俗研究的参考,并期得到大家的指正。

　　在传世的苏州志书中,最早记载吴地风俗的是刊于北宋元符元年(1098年)的《吴郡图经续记》。书中于封域、城邑、户口、坊市、物产之后设《风俗》专卷,虽未著录吴地风俗具体事例,但对吴地"风俗清美""多儒学""好信施"的历史人文背景做了简要记述,认为吴地良好的社会风尚习俗是贤哲德行感化的结果,而

谈古风话旧俗

"原田腴沃，常获丰穰"的富裕经济条件，则产生了"崇栋宇，丰庖厨，嫁娶丧葬，奢厚逾度"的陋习。这种基于儒家思想的风俗价值观，在其后的历代志书中均有体现并有所发展。

志书中具体收录吴地风俗事例的是范成大所著《吴郡志》（刊于南宋绍定二年，公元1229年），志中将《风俗》列在《沿革》之后的重要位置，其内容主要有三个方面：首先追述了古代吴俗的演变，由春秋之际"吴人好用剑"，至唐宋以后"文教渐摩之久""君子尚礼""风俗澄清"，说明社会风尚因环境条件之不同而发生变化，其关键在于当政者能够遵循和贯彻孔子"美教化，易风俗"的思想。其次是记录了具有江南水乡特点的渔耕器具的名称、结构和功能，还有与农业节气相适应的一年岁序节俗，这是有关吴地生产和生活习俗比较详细的记载。再次是把吴地的语言、歌舞作为风俗的重要内容加以记述，其中所记吴地俗语和读音颇为珍贵。此外，还记述了当时士大夫的集会如九老会等。但这一内容后来只在洪武《苏州府志》中有所记载，其余均未收录，想来与明清时期党社活动屡遭查禁不无关系。

明代苏州志书在转录前志所记风俗条目的基础上，多有增创和补充。如洪武《苏州府志》在收录《吴郡志》风俗条目以外，设有氏族栏目，收有吴中朱、张、顾、陆等37个姓氏的地望和迁苏缘由，是苏州志书中记载姓氏较多的一例。把《氏族》列入风俗篇目中，应是我国历史上人口大流动、各地区间文化交流的一种反映，也是对具有重要影响的著名宗族世家的肯定。

考辨苏州

王鏊的《姑苏志》（刊于正德元年，公元1506年），风俗卷共有16目，内1—6目关于吴地风俗演变和规律特点的记述，大多出自王鏊的《风俗论》。如"郡城之俗大较尚文……郊郭下县则依山者多俭，或失之固；依水者多智，或失之讦；滨海者多阔疏，或失之悍"，还有"少者易剽（勇悍），富者易汰（奢侈），穷者易羞（自卑）"等记述，虽非绝对不易之论，但这种从自然和社会环境等因素去观察风俗的方法是一个进步。书中对于吴地岁序节俗、生产工具和语言方面也有所补充，特别是所记"占测气象"部分，为前志所未见，虽不尽科学，但内中包含有世代相传的观测经验，如"夏至有雷则雨，谓之倒黄梅"的说法，至今仍流行于苏州一带。还有关于婚丧习俗的记载也是前志所缺，特别是有关市井交易和市招习俗的记载，反映了小商品经济条件下交易的方式和市场状况，弥足珍贵。

崇祯《吴县志》风俗卷分为"通论""民业""节序""仪节"四个部分，这种分类编排的做法，不仅是编辑上的改进，也说明当时对风俗的内涵有了比较合理的分类。其中最有价值的是"民业"部分，如"城中与长洲东西分治，西较东为喧闹，居民大半工技。金阊一带比户贸易，负郭则牙侩辏集，胥盘之内密迩县治，多衙役厮养，而诗书之族聚庐错处，近阊尤多。城中妇女习刺绣，滨湖近山小民最力啬，耕渔之外男妇并工细屦、擗麻、织布、织席、采石、造器、营生、梓人、甓工、垩工、石工，终年庸外境谋早办官课""新郭、横塘，比户造酿烧酒发客""新郭、横塘、仙人塘一

带多开坊榨菜、豆油"等记载,如实反映了彼时苏州城区及近郊居民多从事手工业和商业生计,已与单纯以农业为务的农村习俗有了区别。还有关于太湖东、西山"以桔柚果品为生""以蚕桑为务""以舟楫为艺""人生十七八即挟赀出商楚卫齐鲁"等记载,都是吴地人文风俗的重要资料,十分可贵。

清代志书对风俗的记述也很重视,篇幅不断增加,内容亦有增补。如乾隆《苏州府志》有采自所属各县志的风俗条目,并将康熙时江苏巡抚汤斌《抚吴告谕》和乾隆时江苏巡抚陈宏谋《训俗良规》作为附录收入卷末。这两通旨在端正社会风气的官方文件,在苏州历史上曾产生过很大影响,其内容除去歧视妇女和劳动人民的反动观点之外,作为封建大吏,在当时社会条件下,能够提倡勤俭朴实,反对奢靡浮华,并且敢于破除迷信,拆毁淫祠,禁止赌博,纠正陋俗,其用心和举措是有一定积极意义的,不可全部加以否定。但是也应指出,彼时的修志者惑于封建道德观念和重农轻商的保守思想,对于当时随着商品经济的发展出现的某些新生事物,采取诋毁和反对的态度是错误的。例如,乾隆《长洲县志》对于"优伶"和城内外"遍开戏园"的现象,以及坊贾编纂小说、传奇、绣像等新兴的出版事业,不认为这是城市市民休闲娱乐和文化生活的需要,而是视为"奸盗之源",是"宣淫、诲诈、败坏人心"的邪端,"亟宜惩之",充分暴露了封建文人的卫道士面目。

道光《苏州府志》风俗卷与前志相比,扩大了资料来源,新收了《吴门补乘》《豹隐记谈》《寓圃杂记》《坚瓠集》等著作中有

考辨苏州

关吴地风俗的记载，充实了内容，增强了志书的资料性。同治《苏州府志》大体承袭道光志，唯吴语部分略有增添。民国时编成的清代最后一部志书宣统（亦称民国）《吴县志》，其风俗卷集前志所录吴地风俗之大成，并新增了调查而得的"采访稿"，重要的有吴地田间轮作情况、农用肥料、人耕器具、祭祖仪式等，吴下方言部分新增了许多俗语，另将前志作为附录的风俗禁令列入正目，并增收了道光时江苏巡抚裕谦和同治时江苏布政使丁日昌的训俗条约、告谕等，全卷共计84目，分为"古今风俗""生计风俗""礼仪风俗""时令风俗""声音方言之属""整饬风俗禁令"等六个部分，为后人了解吴地风俗提供了比较系统而丰富的资料。

以上是苏州历代志书所载吴地风俗的概况。需要说明的是本文所有资料限于本市所藏的苏州府府志和吴县、长洲、元和三县县志，又因有的志书一时难以借阅，有待以后加以补充。

前述苏州历代志书对于吴地风俗的记载，反映了前人对风俗的认识和移风易俗的一些实践经验，其中有许多有益的启示，联系到当前社会风尚习俗的实际状况，感触体会较深的有以下四点：

一、旧志视风俗为一个地区民情的要端而列于重要篇章，说明前人对社会风俗的高度重视。

对于风俗的认识，前人有一个极为重要的观点，即风俗不仅是一般的社会生活现象，而且是民情好恶的表现。这里的"民情"依照《诗经·周南关雎诂训传第一》孔颖达注疏的解释，既指人民

物质生活和精神生活中流行的具有倾向性的文化现象及其所表现出的文明程度、伦理道德风尚，也包含了百姓因统治者为政善恶而受到的影响和思想情绪反映。其好恶与否关系到社会的稳定和国家民族的兴衰安危，故而当政者要善于体察和分辨社会风尚习俗中的倾向性，好的要提倡发扬，恶的要移之使善。此即古人所说移风易俗的工作，这是前人重视风俗的一个根本原因。此外，前人之重视风俗还在于风俗有着超乎政治的教育作用，所谓"教不易民而习能移性"（乾隆《苏州府志·风俗卷·引言》），"一方之风俗，一方之公好恶。为公好莫能违，公恶莫敢犯。流而不息以成风，积而相效以成俗"（宣统《吴县志·风俗卷·引言》），这些道理都是着眼于风俗的传统约束力和潜移默化的作用，其效果是行政和法律等手段所不能取代的。古人对风俗的这些见解，对于我们今天的精神文明建设是有借鉴作用的，不可漠然视之。

二、由旧志所记资料说明，前人对吴地风俗演变规律和特点已有了比较科学的认识。

苏州历代志书在收录风俗事例的同时，极其注意记述吴地风俗演变的规律、特点。例如对于风俗和统治者（上至君王，下至各级官吏）的关系，志书中有精辟论述"吴王好剑术，国人多瘢疮"，而"季札聘上国""言游北学"的影响所及，"吴民秀而文"，说明统治者的思想、欲望、行为对社会风俗有重要的影响，这可以说是一条颠扑不破的真理，古今中外概莫能外。再者，自然条件和社会环境对于生活习俗、信仰习俗以及人的心理素质和个性

特点都有密切关系。"依山者多俭""依水者多智""滨海者多阔疏""郡城其西过华,其东近质"(《姑苏志》)、"以渔猎为业……其俗信鬼神,好淫祀……"(洪武《苏州府志》)等,特别是明代以后的志书对于苏州城区市民因经济条件和职业的不同而形成的心理素质和个性特点的认识和分析,符合"存在决定意识"的历史唯物主义原理,有助于我们认识吴地风俗现象及其演变规律。苏州历史上多氏族大姓,因其家风优良,人才辈出而对社会产生过重要的影响。陆机《吴趋行》诗中有"属城咸有士,吴邑最为多。八族未足侈,四姓实名家。文德熙淳懿,武功侔山河。礼让何济济,流化自滂沱"的诗句,所写即苏州著名大姓注重家风家教的情况,故而历代志书都重视氏族的记述。今天虽则封建大家族已失去存在的基础,但家庭仍然是社会的细胞,家教和家风仍然是整个国民教育中不可或缺的重要一环,因而也是研究民俗学、社会学、人才学等不可忽视的问题。

　　三、由旧志所记可以知道,前人对社会风俗的问题,重教育倡导和发挥杰出人物的精神感化作用。

　　吴地向称士风清嘉,人文荟萃,追其根源,历代志书都一致认为,是"泰伯导仁风,仲雍扬其波",累代有德之士以身率先感化倡导的结果。民国《吴县志·风俗卷·引言》中说,社会风俗是不会一成不变的。使之变者,教化为先,政治其次也。即使在禁毁淫祠以严厉著称的汤斌文告里,首先强调的也是教育手段,"圣学明则风俗淳","化民成俗莫先于兴学育材"。同治间江苏布政使

丁日昌特别强调儿童教育的重要性"蒙养实圣功之始，……童时天真未漓，先入为主，……若日亲礼法之儒，即顽鲁可成善士"。他的结论认为"转移风化莫善于此"。以上引述这些观点，并不是说他们比我们高明，而是说我们应当比他们更加重视教育的问题，尤其是家庭教育的问题。

旧志虽也记载了古代动用行政和法律手段整饬风俗的事，但实践证明只能收效于一时，而无助于问题的根本解决。相反，一旦禁令失效，反而为不良风气的蔓延创造了条件，新中国成立以来极"左"时期对于民间习俗所采取的种种极端做法，正是重复和发展了历史上的这种错误，教训是深刻的，也是发人深省的。

四、由旧志所记前人关于风俗的认识和实践中，最大的感触和启示就是必须重新认识和充分估价风俗在民族传统文化中的地位和作用问题。

关于风俗，在今天更确切地说是民俗，包括生活、信仰、时令、仪节等方面——在民族传统文化中的地位和作用的问题，不少民俗学者已有精辟系统的论述，毋庸笔者赘言，这里要说的是在今天改革开放的形势下，面对外来文化对民族文化的大冲撞，深感民俗对于继承和弘扬民族优秀文化传统有着极为重要的关系和意义。因为民俗之中包含有丰富的历史和文化内涵，是最持久、最通俗、最普及、最具感染力和凝聚力的民族文化形态，我们民族优秀文化的传承，通过文字记载是一个方面，另有不少是融载于风俗之中，并通过风俗的流传而得以保存下来的。因此，如果漠

考辨苏州

视民俗在整个民族文化中的地位和作用,听任民族的传统风俗自生自灭,甚至鄙薄自己的民族习俗,以洋习、洋俗、洋化为荣,则将对我们的民族带来可怕的后果。这绝非杞人忧天,而是一种现实的危机感,是前人不曾遇到,志书未曾记载的。所以我们应当重视自己的民俗文化,保护自己的民族风俗,对于那些具有鲜明民族特色和地方特色的风俗,如节俗、礼仪等生活方面的习俗,应当在继承传统的基础上扬善弃陋,并将其纳入法定化、规范化的轨道,以便永世相传,为全民族所共享。

以上是我读旧志风俗卷所得到的一些粗浅体会。当然,旧志有其时代的和世界观的局限,精华与糟粕共在。不过,就风俗卷内容而言,取材还是比较客观的,有些陈腐的观点也易于辨别,故未加论列。限于水平,文中不当之处,敬请大家批评指正。

姑苏繁华

苏州，地处中国长江下游太湖流域，气候温润，河道纵横，土地肥沃，人民勤劳。自春秋吴阖闾元年（前514年）在此建立都城以来，城址一直未有变动。秦统一中国后实行郡县制，苏州隶属会稽郡，始设吴县。自此以后历代均设郡（府）治、县治于此。隋开皇九年（589年）改称苏州。清康熙六年（1667年）正式设立江苏巡抚衙门，苏州遂成为省会要地。

在经济方面，经过历代的开发治理，特别是魏晋南北朝和南宋两次中原人口大量南迁，有力地促进了江南地区的经济发展，而苏州的发展尤为迅速。至明末清初之际，中国已出现了商品经济发达、贸易兴盛、人口众多的北京、佛山、汉口和苏州四个大都市，谓之"天下四聚"。而就市肆繁华、财货丰盛的程度而言，史家公认以苏州为最，人称"东南一大都会"。所以，16至18世纪之际

考辨苏州

的中国,最繁华的城市就是苏州。

众所周知,苏州为"鱼米之乡",物产富饶,贡赋最多,被喻为国家的粮仓和财库。据《明会典》记载,明洪武二十六年(1393年)苏州府秋粮米实征274万余石,占全国秋粮米实征数的11%强,超过了当时四川、广东、广西、云南四省实征的总和,故有"苏湖熟,天下足"的谚语。明中叶以后,在丝织、棉布、染踹等行业迅速发展的带动下,百业振兴,市场日益繁荣。入清后经过康熙、雍正和乾隆三朝百余年的治理,达到鼎盛时期。江苏巡抚安宁在乾隆《苏州府志》序言开首写道:"苏州古称剧郡,今更为天下最。"对照史实,诚非虚言。

当时全城街巷交织,居民稠密,工商兴盛,店铺栉比。城中人口据专家推算在50万以上。由乾隆十年(1745年)绘制的《姑苏城图》统计,图上标注的地名共1225个,其中街、巷、里、弄多达612条,已与今天不相上下。掌管全省军政、财务大权的巡抚、藩台、臬台三大衙门和苏州府、苏州卫等分布于城西南部胥门内一带,已不居城的中央部位。全城划分为吴县、长洲、元和三县管辖。这些变化说明在商品经济高度发展以后,城市格局和性质有了重大变化,已突破固有的封建传统模式,不只是一座建立在农业基础上的府城和省会,而更为重要的是,它已成为中国最发达的手工业和商业大城了。

明清时期的苏州是国内三大丝织生产中心之一,同时又是棉布加工、销售的主要集散地。两大行业一在城东,一在城西,历

史久、人员众、资力厚、发展快、影响大，是当时苏州经济的支柱行业。

丝织作坊集中于城东部。"织作在东，比户习织，专此业者不啻万家"。"万户机杼，彻夜不缀，产量之丰，无与伦比"。故有"东北半城，万户机声"的说法。当时有官营、私营两个部分。置办皇家丝织用品的苏州织造署即设于东城葑门内带城桥下塘。乾隆时有织机663部，织造匠役2175人，岁造缎匹约3500匹。据学者研究推算，康熙初年，苏州私营丝织织机达到3400部，织工10000人。乾隆最盛时估计织机不少于12000部，织工在36000人以上，所产绸、缎、绫、绢等产品不仅风靡全国，而且远销海外。

棉布加工作坊分布于城西阊门外一带。据乾隆《元和县志》风俗卷记载："苏布名称四方，习是业者，阊门外上下塘居多，谓之'字号'。""字号"并不直接经营布匹生产，而是运用资本，收购各县所属乡镇及太仓、松江、嘉定、南汇等地生产的各种坯布，运集苏州进行染整加工，然后再批发各地销售。在康熙三十二年（1693年）树立的一块禁止踹工擅加工资的石碑上，列有"字号"76家，其中多为资本雄厚的徽商。内有开业已二百余年的汪益美老字号，一年销布百万匹。"十年富甲诸商，而布更遍行天下。二百年间，滇南漠北，无地不以'益美'为美也"，由此可知彼时苏布已行销全国，"各省青兰布匹俱在此地兑买，染色之后，必用大石脚踹磨光"。当时从事棉布加工的染坊和踹布坊集中阊门外山塘一带，雍正年间染匠由七八千人增至一万余人。踹坊450余处，

考辨苏州

踹工多达两万余人，分属340个包工头经管，有踹石一万九百余块，日踹布12万匹。

由上述可知，彼时丝织、棉布行业资本雄厚，商品经济已相当发达。城中刺绣、成衣、颜料、木器、冶铁、粮食、南北货、茶食、玉器、首饰、钟表、糖果、钱庄、典当等行业无不欣欣向荣。据现存碑刻资料统计，清中叶苏州手工业、商业行业已达百数十个，事实上社会分工日趋细密，行业远不止此数。

由于工商繁荣，人口日增，苏州城区向城外附郭扩大。当时阊门外的商市已与枫桥镇连成一片，延绵20里之长。葑门、娄门外，乾隆初仍是人烟稀疏，乾隆后期已是"万家烟火"，"人居稠密"，"地值寸金"了。并且，苏州所属各州县先后出现了一批各具特色的新兴市镇，形成了一个以苏州府城为中心、水程一日可至的大片城镇区，苏州古城正朝向具有初期资本主义性质的新都市转化，并已走在国内城市的最前列。

我们知道，苏州是大运河沿岸历史最悠久的一座城市，大运河的苏州段不仅是京杭大运河开通最早的一段，而且在中国和全世界都是开掘最早的人工运河。京杭大运河的苏州段穿越长江三角洲太湖流域的腹地，沟通长江和太湖水系，并与江南纵横交错的网格化塘浦体系相沟通，成为连结城乡、通达全国、无往不至的水上通道。苏州古城的兴起与繁荣与大运河这条黄金水道有密切的关系。

京杭大运河的苏州段，西自无锡来，由望亭镇入境，流经浒

姑苏繁华

墅关、枫桥镇,至阊门后沿苏州古城南行,经胥门、盘门折东至觅渡桥,然后转南过宝带桥,经松陵、平望、盛泽,于王江泾折入浙江境,直趋杭州。大运河的苏州段最引人注目的是阊门外一段。何以讲苏州的历史要从阊门说起呢?因为阊门不仅古老,而且繁荣,主要是那里有一条运河,亦即诗歌中所说的"通波"。

据记载,明清时期苏州阊门的闹市沿运河西延至枫桥,当时有所谓"打听枫桥价"的谚语,因为那里是闻名的米市,各地粮价要看枫桥的行情。正是靠着这条黄金水道才产生了"十里金阊"的繁华,成为《红楼梦》中所说"红尘中一二等富贵风流之地"。由阊门至胥门运河两岸码头接连不断,各省都会客货聚集,无物不有,古称为天下第一码头。胥门外是源自太湖的胥江与大运河交汇处,舟船云集,水运繁忙,是木材、粮油、生猪等行业的批发市场所在。当时迎送朝廷所派钦差大臣和重要官员的接官厅便设于胥门之南,其北为客商码头,名一摆渡。自此而北,沿岸停满了各种船只,河中帆樯林立,岸上行栈棋布,直至阊门商业区。阊门外运河两岸更是热闹非凡。

令人欣幸的是,被乾隆皇帝召入宫中的著名画师、家住苏州阊门内专诸巷的徐扬,以纤细的画笔,于乾隆二十四年(1759年)绘成《盛世滋生图》,如实地记录了当年苏州阊门外大运河两岸的热闹情景。

由画中可见,阊门外渡僧桥和山塘桥之间名曰"方基上"的街肆,是布匹、药材、山地货、腌腊等货行集中之地,百业骈阗,

考辨苏州

万商云集。这里的市招琳琅满目，不仅有茶食糖果、伏酱甜菜、进京贡烛、苏灯、铜器等本地货物，更有濮院宁绸、山东茧绸、川广药材、云贵杂货、胶州腌猪、南京板鸭、宁波淡鲞、江西瓷器等外来商品，可谓商贾千里，八方来汇。据《云锦公所各要总目补记》记称，"吾苏阊门一带，堪称商帮林立，如鲜帮、京庄、山东、河南、湖南、太谷、西安、温台州帮、长江帮等"，其中"聚居阊门外南濠一带的福建帮客商几及万人"。宣统《吴县志》所收公所和会馆共有66个，内有29个会馆是由外地商人所建。明末归田园居的主人王心一在崇祯《吴县志》序中说："尝出阊市，见错绣连云，肩摩毂击。枫江之舳舻衔尾，南濠之货物如山。"乾隆时的吏部尚书孙嘉淦在《南游记》中记述阊门商市的繁盛时写道："阊门内外，居货山积，行人水流，列肆招牌，灿若云锦，语其繁华，都门不逮。"以上所引充分说明，在明末至清中期的百余年间，苏州工商业的兴盛和市肆的繁华始终不衰。事实说明，大运河这条贯通我国南北的交通大动脉，给苏州带来无尽的财富，孕育了苏州的繁华。

苏州处于倚湖、临江、滨海的多水坏境，古时洪水泛滥，相传经过大禹的治理，"三江既入，震泽底定"，先民们方始得以立足、生息。历史表明，吴地的每一进展都是先辈们与水相周旋的结果，而两千五百多年前苏州古城的选址、规划和建立对水的驾驭已达到了很高的科学水平。

苏州西部多山，东部多湖，在此环境下所选城址，依山傍水，

姑苏繁华

十分得宜。

苏州古有水陆城门各八座，明清时减为六座。城门的坐落均视水情而定，特别与城外的河道有密切关系。娄门面对娄江，通海；齐门面对元和塘，达江；阊门、胥门、盘门、葑门都面对大运河。《吴门表隐》载有清初苏州六城门的题额，内有三门是立足于水的。盘门曰"龙蟠水陆"，葑门曰"溪流清映"，娄门曰"江海扬华"。前面已引了陆机等写阊门运河的诗是涉及水的。《盛世滋生图》绘有胥门外重建后的万年桥，桥上有联曰"水上忽添新锁钥，波心仍照旧舆梁"，也是在"水"上下笔。唐寅《齐门散步》诗有"吴王城里柳城畔，齐女门前水拍堤"之句，更是诗中有画，活脱出苏州的水乡风情。这样六门题写都着眼于水，可知古人捕捉到的苏州第一印象皆是水。

关于城内水道，早在建城伊始便存在了。由唐张守节《史记·春申君列传》"吴墟"句的注解知道，"大（城）内北渎四纵五横"至唐代犹存，可证上述"四纵五横"即后来的"三横四直"河。城中河路平行，水陆交错，人行赖桥以通，小桥、流水、人家的水乡特色缘此而生。白居易"绿浪东西南北水，红栏三百九十桥"和杜荀鹤"君到姑苏见，人家尽枕河。古宫闲地少，水港小桥多"的诗句，并非文学的夸张，而是对苏州水乡风貌的真实写照。

明末清初苏州城内水道长度达到历史最高峰。根据明末《苏州府城内水道总图》所绘水道，按照隆庆、万历间"三横四直"河

考辨苏州

官核丈尺推算,彼时城内水道总长约有87公里,较宋《平江图》所载水道增加约4公里。桥梁也相应增加达到340座,内城内桥329座,比《平江图》所载城内桥295座增加34座。从而,苏州成为我国水道最长、桥梁最多以浓郁的江南水乡风光闻名于世的城市。

苏州城内水道结构可分为两个层次,一是由三横四直河组成的干河系统,二是派生于干河由诸多横河组成的支河系统,两者合为一体,覆盖全城,共同承担全城引水、排水、运输、防卫和消防隔离的任务。此外,城内水道对降低城区地下水位、调节城中气候以及在古城空间配置上,也有不可低估的作用。而水门和埭堰则是调节全城水流的枢纽,防止洪水的屏障。城中道路全用砖石铺砌,晴天无飞尘,雨天不泥泞,雨水由三横四直河排出,雨止即可通行。故而彼时有"苏州街,雨后看绣鞋"的谚语。由此说明苏州彼时的城市规划和基础设施是科学合理的。因此,苏州比以车马为主要交通工具的陆地城市要安静、清洁、优美,宜于人居。

苏州有悠久的历史和优秀的文化传统,向以人文荟萃著称于世。自北宋范仲淹在此创建府学以来,文教兴盛,人才辈出。明清时期在儒学研究、小说、绘画、戏曲、医学、天文、建筑、园林等各个领域更是名家迭起,群星灿烂。这里仅就江南传统建筑和古典园林略加叙述。

苏州是江南传统建筑"香山帮"的发源地,明代修建北京皇宫的蒯祥就是"香山帮"的杰出代表。《盛世滋生图》上所见粉墙

姑苏繁华

黛瓦、结构轻巧、造型典雅、美观实用的城乡房舍屋宇，一派江南传统建筑风格，令人赏心悦目。城中则有晋代始建的玄妙观、宋代建造的文庙和明初建造的府城隍庙等三大古建筑群，鼎足分布于雉堞环绕、周回四十余里的大城中，与挺拔高耸的北寺塔、瑞光塔和双塔遥相呼应，构成一幅古气磅礴、宏伟壮丽的画面，折射出古城和谐、安定的太平气象。

苏州是中国园林重要流派江南私家园林集中之地，也是造园经典著作《园冶》的作者计成和《长物志》的作者文震亨的故乡。明清之际是苏州园林最盛时期，大小园林多达200余处，其中现已被列入世界文化遗产名录的拙政园、留园、环秀山庄和艺圃都建于这一时期。其中拙政园和留园以其历史悠久，构筑精致，艺术高雅，意境深远，成为苏州园林的典范和代表，被列入中国四大名园之中。由于苏州园林众多和艺术精湛，故有"江南园林甲中国，苏州园林甲江南"的说法，并且使苏州享有"园林之城"的称号，显示了苏州古城博大精深的文化底蕴和素朴典雅的人文之美。

综合以上所述，可以得出如下结论：明清时期的苏州是一座古老、文明、富饶、繁华和美丽的城市，她在当时的中国和世界的城市中都居于前列！

考辨苏州

一幅长卷,一座古城
——历史画卷《姑苏繁华图》

在中国美术史上,"历史画卷"一词并不仅仅是象征性的词。历代确有这样一些作品,以长卷的形式展现历史风貌,既是艺术佳作,又能够成为可资借鉴的形象史料,像《清明上河图》《康熙南巡图》等。《姑苏繁华图》也是此类作品中颇有影响的一件。

《姑苏繁华图》原名《盛世滋生图》,史载为清乾隆二十四年(1759年)由当时充任清宫画院供奉的苏州人徐扬绘制。图卷的原旨在于歌颂乾隆皇帝的政绩,而客观上则真实地反映了彼时苏州繁盛、文明的状况。画卷全长1241厘米,高36.5厘米,纸本,设色,手卷装。绘成后一直被深藏清宫,民国初年为逊位皇帝溥仪所窃出宫外,辗转携至天津、长春等地。日军投降时企图偷运国外,于仓皇转移中在沈阳被苏联红军截获,后由辽宁省博物馆的前身东

一幅长卷，一座古城

北博物馆接管。现藏辽宁省博物馆。根据内容定名为《姑苏繁华图》，为国家一级文物。

图卷的内容，徐扬在卷末自跋中写道："其图自灵岩山起，由木渎镇东行，过横山，渡石湖，历上方山，从太湖北岸介狮、和两山间入姑苏郡城，自葑、盘、胥三门出阊门外，转山塘桥，至虎丘山止。"大凡熟悉苏州的人都知道，画家选取的这一景观范围，是苏州历史上经济发达、人文荟萃、古迹众多、风景秀丽的精华地带，也是康熙、乾隆二帝南巡屡到之处。画卷的构图即沿此路线，依照地理的顺序，以太湖及苏州西南诸山为背景，自西而东，由乡入城，在写实的基础上，运用高度概括的手法，重点描绘了灵岩、虎丘两山之间一村（山前村）、一镇（木渎镇）、一城（苏州府城）、一街（山塘街）的景况，丹青所至，连绵数十里的湖光山色、水乡田园、村镇城池、社会风情跃然纸上，生动形象地记录了18世纪中叶苏州高度繁荣的情景。

画卷中山青水碧、柳绿桃红、生意盎然的景象说明，其时正是江南明媚温润的春天。细察山前村晨曦照耀中荷锄而出的农夫和虎丘暮色笼罩下山塘河上缓缓而行的灯船，可知画中表现的是由朝至暮一天之中苏州城乡所发生的种种事情，内容之丰富，景物之众多，场面之壮阔，寓意之深刻，较宋代《清明上河图》有过之无不及。据统计，全图绘有各种人物12000余人，市招可见的商店260余家，停泊和往来于水上的大小舟楫、排筏400余只，分布于城乡的各式桥梁50余座。画中景物包罗万象，难以缕述，概括起

考辨苏州

来主要有以下三个方面:

一是真实地表现了苏州当时的经济兴盛和市面繁荣。自清入关至乾隆朝的百余年间,经过了康熙朝六十一年的治理,国家比较安定,版图空前辽阔,臻于鼎盛时期。这一期间江南地区比国内其他地区发展更快,特别是作为江南政治、经济和文化中心的苏州,已经成为全国最繁华的城市。当时的苏州是国内丝织生产中心之一和江南棉布产销的重要集散地,丝织机户大多集中于城的东部,有"东北半城,万户机声"的说法。染踹作坊分布在阊门外虎丘、山塘一带,从事染踹业的工匠多达2万余人。手工业的发达,带动商业的兴盛、市场的繁荣,街巷交织,人口密集,古城出现了资本主义的萌芽。画卷以细腻的笔触,从各个方面如实地反映了这一历史事实。图中农、副、渔、牧和城镇手工业、商业俱有表现,在所绘260余家商店中,有丝织户14家,棉布染坊26家,钱庄及典当行14家,粮店7家,医药铺11家,日用杂货铺25家,饭馆及酒店25家,还有珠宝首饰、鞋帽、凉席、乐器、花木盆景等50多个行业,鲜明地展示了苏州的城市性质和特点。画面上所见商品名目繁多,除太仓棉花、松江梭布、崇明大布、濮院宁绸、震泽丝绸、虎丘凉席等土特产外,还有山东茧绸、川广药材、云贵杂货、胶州腌猪、南京板鸭、金华火腿、宁波淡鲞、南河腌肉、浦城建烟、东北人参以及江西瓷器等外来商品,可谓商贾千里,八方来汇,足见苏州商品之富饶,贸易之兴盛。值得注意的是,山前村的织布作坊和太湖结组的渔船,其规模都超出了一家一户的范围;

一幅长卷，一座古城

城内三开间、五开间的大门面随处可见。这些都是苏州商品经济高度发展的真实写照，与历史记载完全相符。

二是广泛地记录了苏州城乡的社会风情。除了徐扬自跋中所说"春樽献寿，尚齿为先。嫁娶朱陈，及时成礼。三条烛焰或抡才于童子之场，万卷书香或受业于先生之席。耕者歌于野，行者咏于途"等，还有官员迎送、出巡、宣谕等各种场面，佛事、醮场等诸般活动，以及民间修禊、家庭堂会、春台社戏、医卜星相、江湖杂耍，五花八门，应有尽有，称得上是一幅具有浓郁的时代气氛和地方特色的社会风俗画卷。

三是生动地描绘了江南水乡景色、田园风光和苏州古城风貌。烟波浩淼的太湖、蔚然佳秀的群山、纵横交错的河道、疏密有致的村落、熙攘热闹的小镇、雉堞环绕的古城，一一呈现于眼底，引人入胜，耐人寻味。

《姑苏繁华图》不仅内容异常丰富，而且在艺术表现上也颇具特色。首先是画卷的写实性，所绘山、湖、河、港、城门、街巷、桥梁、码头等皆据实而写，衙署、仓库、学校、寺庙、园林等无一虚构。图中上方，瑞光、北寺、虎丘四座古塔至今犹在，江苏巡抚、布政使、按察使和苏州府以及吴县、长洲、元和三县等衙门依然有迹可寻，甚至文庙后那座道山亭也仍矗立在原处。凡此足以说明图卷是以写实为基础的，这正是它吸引人的地方，也是其珍贵历史价值之所在。

其次是它的高度概括性。画家于万千景物中选取最具代表

考辨苏州

性的对象加以表现，例如将偌大一个苏州浓缩为"一村、一镇、一城、一街"的构图，就是巧于剪裁、善于取舍的大手笔。整个画卷虚实相间，实写处大如运河中数以百计的舟楫，小至万年桥头地摊上摆放的古玩小件，均刻画入微，一丝不苟；虚写处或寥寥数笔，或云雾遮蔽，但都令人悬念不尽，余味无穷。

第三，图卷画面结构紧凑、流畅而和谐，有如一部由田园诗和都市繁华曲组合而成的交响乐。序曲是山前村的耕织图，其后一个乐章是熙攘的木渎镇，继而出现了繁华的苏州郡城，乐曲也奏响了最强音。尾声是山塘河上的船歌。中间穿插点缀着由秀丽的灵岩、石湖、狮山、虎丘等风景名胜所构成的轻快组曲，在整个乐曲激越高亢的主旋律中，又增添了恬静幽雅的抒情色彩。

值得一说的是，画家为了表现上述庞博纷杂的场景，熟练地运用了中国绘画独有的长卷形式。这种形式的特点是，可以不受空间的限制，连贯地、动态地表现庞大而细微的场景。《姑苏繁华图》在继承和发展我国长卷绘画形式和技巧方面，不失为一件成功之作。

《姑苏繁华图》的作者徐扬，从清道光和同治《苏州府志》，以及民国22年（1933年）版《吴县志》等书的简略记载中可知，他世居苏州，家住阊门内专诸巷。乾隆十六年（1751年），乾隆首次南巡至苏，监生徐扬因献画册被召入宫中，充画院供奉，后得乾隆赏识，于乾隆十八年（1753年）钦赐举人，官内阁中书。据《南巡盛典》记载，乾隆每次南巡都有画士随驾而行，徐扬亦曾多次

一幅长卷，一座古城

随行，此图即绘于乾隆第二次和第三次南巡之间的乾隆二十四年（1759年）。此后，徐扬又奉乾隆之命主持绘制《乾隆南巡盛典图》。他擅长绘制山水、梅花，作品见于著录的有35种，但传世作品已不多见。

《姑苏繁华图》是专事描绘苏州景物的长卷。绘制如此浩繁的历史画卷，不仅需要高超的艺术功力和渊博的社会知识，更需要对苏州历史、地理和人文风俗有透彻的了解，而徐扬正具备了这些条件。他生长在苏州，在被召入画院之前，曾参与乾隆《苏州府志》的纂修工作。这部志书的编纂始于乾隆八年（1743年），刻成于乾隆十三年（1748年），主持者是苏州知府傅椿。在卷首所刊《苏州府九邑全图》《苏州府城图》等十幅地图之后，署有"候选主簿徐扬绘"的字样，说明徐扬还擅长绘制地图。在乾隆版《苏州府志》编纂期间的乾隆十年（1745年），傅椿还主持绘制了一幅《姑苏城图》，图上虽未见署名，但有足够的证据表明这幅苏州历史上绘制最为详尽的古地图是由徐扬所绘。此图国内早已失传，20世纪80年代初日本学者至苏州访问，赠了一张复印件，方始得见其真面目。据统计，图中标注有街巷618条、桥梁256座、寺庙128处，以及衙署、营寨、仓廪、学校、园第、码头等地名共1200余个。此外，凡城中之高墩、园地、池塘等一一绘出，其内容之详尽、比例之精确，较之现代测绘地图毫不逊色。由此可知绘制者徐扬对苏州古城的熟悉程度。明白了这一点，才能理解为什么《姑苏繁华图》所绘苏州山水、村镇、城池和主要建筑物，不仅形象逼真，而

考辨苏州

且其方位和相互间的距离都相当准确。这显然与画家徐扬在地图绘制方面的造诣和成就有着密切的关系。

对于徐扬的身世，目前所知不详。笔者曾在苏州西园戒幢律寺见到壁间嵌有徐扬所书的一块残碑，云西园寺"乃前朝徐公之别墅"。徐公即明万历八年（1580年）庚辰科进士徐泰时（1540—1598年），长洲县虎丘乡彩云里人；其地即今日阊门外下塘留园一带。徐曾任工部营缮主事，为万历皇帝建造过寿宫，后升至太仆寺少卿，其子徐溶亦官至工部郎中。苏州现在的留园即徐泰时始建，时称东园。后徐溶将西部园宅舍为寺，即今之西园寺。寺中另一块刻于康熙五十年（1711年）的《戒幢律院碑记》，列有山主徐麟、徐廷、徐瑞、徐湖……一连串徐家族人姓名，可知这是徐门的家寺。因此，徐扬为西园寺写碑诚非偶然，很可能他即徐泰时的后人，可惜在"文化大革命"中苏州家谱损毁严重，一时未能从徐氏谱系中找到确证。又，崇祯《吴县志》所刊地图署有"长洲布衣徐霖"的名字。苏州志书中绘图署名者仅徐霖、徐扬两例，他们之间是什么关系也令人颇感兴趣。总之，种种迹象表明，徐扬的多才多艺具有家学的渊源，只有如徐扬这样生长于苏州，对苏州了如指掌而又身怀绘画和制图高超技艺的人，才能创作出《姑苏繁华图》和《姑苏城图》这样传之不朽的巨制杰构。

《姑苏繁华图》的绘制与乾隆南巡有着密切的关系，可以说没有乾隆南巡就不会有《姑苏繁华图》。

历史记载，康熙、乾隆二帝均南巡六次。他们南巡的目的地

一幅长卷，一座古城

都在江南地区，而重点又在江、浙两省，特别是苏、杭二州。其中苏州为往返必经之地。从南巡次数看，乾隆似乎不敢超过他祖父的六次，但不同的是他在江南停留的时间大大超过了康熙。特别是苏州，康熙南巡不是每次都在苏州停留，而乾隆往返十二次，次次均在苏州驻跸。过去曾有过一种传言，说乾隆频繁到苏州是为了寻找他的生身父亲。这当然是无稽之谈。众所周知，康熙、乾隆二帝南巡有其政治上的需要，主要目的在于安抚江南人民，表明清室对江南地区的重视。因为江南对清王朝的统治太过重要了，所谓"吴郡之于天下，如家之有府库"（乾隆《苏州府志·卷二·形势》）。但从乾隆来说，到江南游乐的兴趣要比他的祖父浓厚得多，这从他南巡诗文中可以找到许多证据。

例如乾隆十六年（1751年），乾隆首次南巡，甫出京师，他就在《良乡行宫》一诗"梅信催人未可迟"句下注曰"江南梅花春半即开，故早起程"（此处及下文所引乾隆诗文皆见乾隆《南巡盛典》和同治《苏州府志·巡幸》），完全是一副急不可待的赏梅心态。他又在前往直隶途中的《江南意》诗中写道："毛嫱白台及西子，不必谋面人知美。吴越山川掩画中，传闻争羡亦如此。吟诗好景说江南，前此何曾一税骖。观风问俗式旧典，湖光岚色资新探。"他把吴越山水比作美女，流露出对从未一见的江南美景无限向往之情。而当他一入江南境，便感到了"裊裊东风拂面春"，"温暾暖气面前迎"，其怡然自得之状和意在游春的内心目的显露无遗。

对苏州城，乾隆尤其情有独钟。他在《良乡行宫》一诗中有

考辨苏州

"青旗练吉指姑胥""长余东骑指胥江"等句,挑明他的行程所向是苏州。乾隆在首次南巡所作《回銮至苏州驻跸》诗中云:"稽山修祀罢,浙水省方回。道便自重驻,春深花尽开。舆情多眷恋,我意亦徘徊。"乾隆为什么"徘徊"呢?因为他被"春深花尽开"的苏州景色吸引住了,以致写出"道便自重驻"这样不成理由的理由。乾隆的这种徘徊心情几乎每次南巡过苏都有表露。乾隆二十二年(1757年),乾隆第二次南巡,其《晓发苏州》诗云:"视河将欲至徐城,五日姑苏便启行。……老幼不须攀载道,回途当为小停旌。"这末尾二句译成白话就是:百姓不必伏在路上挽留我了,待从杭州回来一定多住几天!乾隆二十七年(1762年),乾隆第三次南巡,其在苏有诗云:"万民亲切意,两日得因留。"乾隆三十年(1765年),乾隆第四次南巡,其在《回跸至苏州》诗中注曰"近行宫门有数十老民叩请多留数日,心甚怜之",并在另一诗中说"不能无恋此舆情"。这都是他眷恋苏州的内心自白,只是假托舆情罢了。

更有甚者,乾隆对于苏州每一处名胜景点几乎都恋恋难舍。例如一次至虎丘,游兴未尽作诗道:"我来几三度,今昔只俄顷。有暇当再临……"在光福香雪海观梅诗云:"邓尉看初梅,十分花才二分开。……余杭返棹试再来。"为尽情领略灵岩、寒山的风景,在两处山中为他专门建了行宫。天平、石湖及城中园林更是他每次来苏必到之地。由此可见他对苏州的喜爱是非同一般的。

乾隆喜好诗文,酷爱书画艺术,而苏州多文人,书画名家辈

一幅长卷，一座古城

出，因此他对苏州又多了一层欣慕的感情。他非常敬重苏州著名的诗人沈德潜，说沈与文徵明相比，"书画虽输诗胜彼，功名已过寿如他"。乾隆的诗集就是指定这位耄耋老人为他整理编辑的。他对苏州画家尤其推崇，曾在《题唐寅桃花庵》一诗中写道"吴中爱看吴人画，况是吴人画最高"，可知他是如何看重苏州的画家了。他南巡以来先后从苏州召去的画家，除了徐扬，还有擅长山水画的张宗苍。乾隆四十五年（1780年），他第五次南巡时又带走了工于人像写真的陆灿。正是出于对苏州的眷恋和欣慕，乾隆在驻留游赏之余，命徐扬绘图以为永久的纪念，这当是《姑苏繁华图》问世的根本动因。而徐扬心领神会，完美地实现了皇帝的旨意，为世人留下了这幅堪称苏州百科全书的历史画卷。

据清宫档案和《南巡盛典》等史籍记载，南巡期间乾隆常带着名家所绘的苏州景物画，边观景边赏画，并加以临摹。有时亲自命题令随行画家作画，并且画面要经他修改后才能定稿。可想而知，《姑苏繁华图》的绘制应该也包含了乾隆的一些构思和主张。事实上，乾隆第一、第二次南巡，在苏所作诗作的许多意境，都可在画卷中找到相应的表现。例如首次南巡，《驻跸灵岩》诗有"太湖万顷轩窗下，坐辨洞庭西与东"，这是当时乾隆驻居灵岩行宫时所得到的印象。图卷的开首便再现了这一景观，将太湖和洞庭东、西山纳入画中。又如图卷的石湖、狮子山一段是画得很美的，画家在描绘苏州近郊秀丽的自然景色的同时，着意刻画了那里的水乡田园风光：绿树、碧水、田舍、农夫、铁匠、窑工、渔船、竹排、

考辨苏州

水车、耕牛、羊群，等等。如果读了乾隆首次南巡至苏的《田家春兴》诗，便知上述构图绝非随意之笔。那首诗是这样写的："湖山岂不美，最喜是田家。过雨修春耒，临溪转水车。东阡芃绿毯，西陌簇黄花。揽结真娱意，端胜玩物华。"对照图卷所绘，应当说徐扬很好地体现了乾隆诗中所抒发的思想和情怀。类似的例子，不胜枚举。因此，如果把《姑苏繁华图》看作是乾隆和徐扬合作的作品也不为过。正是由于《姑苏繁华图》的绘制成功，徐扬才被乾隆选为《南巡盛典图》的主绘人。然而两相比较，作为历史写实作品，前者要胜于后者。原因在于后者尽管场面恢宏，但充满官样文章和宫廷色彩；而前者则比较贴近真实，富于生活气息，因而有着强烈的艺术感染力，是我国古代写实绘画中一幅难得的佳作。

今日所见《姑苏繁华图》上共钤有十七方印章，除"东北博物馆珍藏之印"外，其余十六方全是皇帝御览之章。

在十六方皇帝用章中，乾隆占了十二方。其中钤于画幅之上的八方是乾隆的鉴赏用章，也是清宫收藏的凭证。画心内七方分别是："石渠宝笈""石渠定鉴""宝笈重编""乾隆御览之宝""三希堂精鉴玺""宜子孙""乾隆鉴赏"。据阮元《石渠随笔》称："凡列朝臣工书画皆用此七玺。"另有"御书房鉴藏宝"一方与以上七玺合用，即所谓"钤用宝玺曰八玺全者"。图上八玺俱全，当是在绘成后不久钤用的。另有一方骑缝章，曰"洗尽尘氛爽气来"，这是乾隆闲章之一，反映了他对大自然的热爱和审美情趣。在画卷隔水绫上的"五福五代堂古稀天子宝""八徵耄念之宝"

一幅长卷，一座古城

和"太上皇帝之宝"，分别是乾隆七十岁、八十岁和八十五岁后启用的印章。乾隆是中国历史上四个太上皇之一，又是古代帝王中年寿最高的，曾以"古今帝王第一"自诩，说"朕缵绍鸿业，六十年间，景运庞洪，版图式廓，十全纪政，五代同堂，积庆骈蕃。实为史册所罕见"（转引自郭福祥《乾隆宫廷印章述略》，载《故宫博物院院刊》1993年第一期）。由这三方印章可见其晚年仍不时观赏，思念他眷恋的苏州，重温南巡的美好记忆，陶醉于当年的盛世治绩之中。

乾隆以后的皇帝在画卷上钤御览章的只有两人，嘉庆一方，末代皇帝溥仪三方。道光、咸丰、同治、光绪四帝皆无，这与清王朝所面临的内外形势有关。因为康、乾以后，好景不再，内乱外患相继而至，国无宁日，一向养尊处优的皇帝连看画的安静条件也不具备了。只有逊位的溥仪，才又有了翻看书画、把玩古董的闲暇，故而他在上面盖了三方之多。看来这三方是在北京时所钤，待到他做了满洲国的傀儡皇帝以后，也少有看画的闲情逸致了。

考辨苏州

什么是苏州地方特色?

什么是苏州的地方特色呢?在最近制定的苏州市城市规划中,把苏州的城市性质、特点主要归纳为"园林风景旅游城市"。这样的概括和表述是值得商榷的。因为,园林风景只是苏州的特色之一,并非它的特色的全部。如果把苏州仅仅看作是一座园林城市,非但不符合它的历史,而且是降低了它的地位和身价。

一个地方的特色是在长期历史发展中逐步形成的,是自然和社会诸种条件决定的,是本质的表现,是精华之所在。特色就是个性,亦是矛盾的特殊性,这一地方与那一地方的区别处就在这里。就苏州的地方特色来说,我们认为它应当是一座历史悠久的文化古城。据可信的历史记载,苏州建城于公元前514年(吴王阖闾元年),迄今已2500多年。具有如此久远历史的城市,在国内以至世界上都是少有的。从地下考古发掘的实物证明,早在六七千

什么是苏州地方特色？

年前，这里就有发达的远古文化，以后经过历代人民勤劳而智慧的创造，逐渐形成了具有自己特色的高度文明，成为"风物清嘉、人文荟萃"之地，称之为"文化古城"是十分恰当的。"园林城市"这一名称，则不能反映出苏州的古老历史和文化传统。实际上，苏州的园林不是一般的"公园"或"花园"，而是具有江南风格的古典园林。"园林城市"的特色不过是苏州历史悠久的、优秀的文化传统的一个方面。

对苏州这座"文化古城"，古往今来人们有许多赞美之词，集其精华可以总结为八个字：古老、文明、富饶、美丽。上溯数千年，追之弥远的历史，不能不谓"古老"；古代就有发达的农业、手工业以及突出的科学、文化、艺术成就，无一不标识着苏州的"文明"；"食海山之饶，拥土膏之利，民殷物繁"，"富甲天下"，称得起是"富饶"；既有山川之胜，又有田园之美，"小桥、流水、人家"，可算是"美丽"矣。当然，用得上这八个字的城市在我国还有很多，但是，这八个字对于苏州较之对于其他城市却是更恰当、更贴切、更典型。

具体来说，苏州的地方特色主要可归纳为五个方面：

苏州是"鱼米之乡"。这里土地肥沃，湖荡密布，在温和润湿的气候孕育下，碧波鱼跃，平野稻香，历史上一直是富饶的江南农业区的首府。草鞋山新石器时代遗址出土的粳稻谷粒，梅堰遗址发掘的骨鱼标、网坠，越城遗址找到的石制耕耘器证明，早在六千多年前居住在这里的人们就从事渔业和农业生产。后来经过

考辨苏州

历代兴修水利，经营整治，农业生产不断提高，到1500年前的南朝，苏州就成为"一郡丰收可供数郡食用"的粮仓。唐代诗人杜甫有"云帆转辽海，粳稻来东吴"的诗句，宋代则有"苏湖熟，天下足"的谚语，还有人们传颂的"近炊香稻识红莲""桃花流水鳜鱼肥""夜市卖菱藕，春船载绮罗"等佳句，就是对苏州物产富足的赞美和讴歌。

苏州是"锦绸之地"。这里一向是我国丝绸生产的一个重要基地。春秋时期吴楚两国曾为争桑而战，并有"吴地贵绢，郑地贵纻"的记载。六朝有"乡贡八蚕三锦"之语，唐代方丈绫、宋代织锦被列为上贡之物。虎丘塔和瑞光塔出土了丝织品残张，为千年前苏州丝织生产的高水平提供了确切的物证。明清时期，苏州丝织生产更为发达，与江宁（南京）、杭州并列为国内丝绸生产三大中心。乾隆初年，苏州专为皇家生产的织造局拥有织机660余架，机匠近2000人。当时丝织作坊大多集中在东北城区，故有"东北半城，万户机声"的说法。苏绫、云锦、杭罗被称为东南三大名产。其他如绢、纱、丝绒、织锦也负有盛名，不仅风靡全国，而且远销海外。

苏州是"文萃之邦"。这里历来是江南政治、经济和文化中心。人文荟萃，人才辈出。春秋时期吴国的文化使者季札、"南方夫子"言偃，西晋文坛的"吴郡两陆"（陆机、陆云），六朝绘画名家顾恺之，唐代书法家"草圣"张旭、"塑圣"杨惠之，宋代才德兼茂的名相范仲淹、范成大等都是历史上闻名的苏州人。明清以来，

什么是苏州地方特色？

苏州更是人才济济。著名画家沈石田、文徵明、唐伯虎、仇十洲被称为"明四家"；沈、文两人更兴一代新风，蔚为"吴门画派"。中医吴有训、叶天士创立瘟病学说，人称"吴门医派"。其他如"三言"的作者、通俗文学家冯梦龙，创制显微镜等多种光学仪器的孙运球，天文学家王锡阐，应用机械学家薄钰，建筑大师蒯祥，戏曲家李玉，评弹艺人王士周、马如飞，乐师魏正辅、张梅谷等，都为发展我国科学技术和文学艺术事业做出了宝贵的贡献。

苏州是"工艺之市"。这里一直是我国精湛的手工艺品的传统产地之一，以其精细雅洁的独特风格而见称。具有代表性的是"苏绣"，历来与湘绣、蜀绣、粤绣并称为我国"四大名绣"。从虎丘塔中发现的莲花经袱上的古绣证明，苏绣历史源远流长。后经明代露香园顾氏、清代刺绣名家沈寿等人的努力，创造了"画绣""仿真绣"，使苏绣提高到了新的水平。缂丝是宋代时由北方移植到苏州的，以工艺精细见长。苏州折扇在明清时誉满全国。苏州玉雕也很有名，有"良玉虽集京师，工巧则推吴郡"的评语。其他如桃花坞木刻、民族乐器、金银细工、红木器件、水印装裱等都是苏州传统手工艺，故被冠以"苏"字，有"苏版""苏锣、苏鼓""苏作""苏笺""苏裱"之称。

苏州是"园林之城"。2400多年前，吴国建造的姑苏台、馆娃宫应是苏州最早的皇家花园。晋代顾辟疆的群疆园是闻名的私家园林。六朝以后，豪族南迁，私家园林日益增多。五代钱元璙在苏"好治园林"，沧浪亭即始建于此时。北宋末年，宋徽宗迷恋奇花

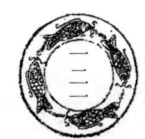

考辨苏州

异石,在苏设供奉局广为采运,经办官员乘机勒索,人民不胜其苦,此即历史上著名的"花石纲"事件。当时苏州有专以种花叠山为业的"花园子"。同时,苏州是中国传统建筑"香山帮"的故乡,兴建北京皇宫的蒯祥就是苏州人;还有如计成、文震亨等一些造园的理论家以及各种能工巧匠。故而达官豪绅纷纷雇工造园。到清末,有记载可查的大小园林有200多个,其中具有代表性的是宋代的沧浪亭、元代的狮子林、明代的拙政园、清代的留园。这些园林模拟自然景色,一般以水面为中心,辅以楼台亭阁、曲径回廊,对一石一水、一花一木都着意安排,不落俗套,集中表现出我国江南园林建筑的风格,是我国传统建筑、雕刻、绘画、书法、诗文等各种艺术技巧的综合体现,充分反映了我国劳动人民的智慧和才能,是中华民族文化艺术宝库中的一份珍贵遗产。

以上就是苏州的主要特色。这些特色是历史上已经形成的,是现代仍然存在的,是今后应当发展的,也正是苏州历史陈列所要表现的。

吴文化研究略史

近年来在江苏学术界出现吴文化与吴地文化的概念，时而统称吴文化研究，持不同意见者互有争议。就其研究内涵和特点来说，前者是在秦代我国统一的多民族国家形成以前具有区域性特点的古文化；而后者虽具有某些地方性、阶段性的特点，但就其性质而言已是统一的中华民族文化的一个组成部分。故而在研究上不仅内容、对象不同，而且在研究方法上也有一定区别，即前者属于考古学文化的范畴，更多地需要运用考古学的方法；后者属于一般文化史的范畴，一般不依赖考古学的方法。因此，科学地说把吴文化研究与吴地文化研究区分开来是十分必要的。

吴文化即吴国文化，是指商末（前11世纪末）自周太王之子泰伯、仲雍奔江南与当地土著部族相结合建立勾吴国起，至春秋末吴王夫差二十三年（前473年）吴国被越国灭亡为止，大约

考辨苏州

700年的时间，在吴国疆域范围内的物质文化和精神文化史。同时为了探寻其渊源，在研究上也包括了吴立国以前的先吴文化，即湖熟文化、北阴阳营文化、良渚文化、崧泽文化、马家浜文化等新石器时期的文化。所以定名为吴文化，是依照我国古文化命名的惯例，一般对史前时期的文化多以首先发现这一文化遗物所在地的名称命名，如仰韶文化、龙山文化、良渚文化等。有明确国家和族属的则以国家或民族的名称名之，如楚文化、齐文化、越文化等。由于吴文化和越文化有密切的关系和相同之处，因而两者亦常被并称为吴越文化。这种对古文化的命名是建立在一定的时间、一定的地域、一定的国家和族属、一定的文化特征的基础之上的，是研究上的一种科学界定和分工。就吴文化研究的目的来说，不仅在于弄清作为江苏地区有史以来第一个奴隶制国家的面貌及其文化渊源，同时也是为了认识和了解吴文化与中原文化及其他区域文化的关系，以及江南古文明的发展和我国文明起源等问题。因此，吴文化和夏文化、商文化、楚文化等一样，同是研究我国早期文化发展史的重要课题。

史籍中有关吴文化研究的记载，首先要从古籍中对于吴国历史的记载说起。成书于春秋战国时期的著名史书《国语》《左传》《世本》等都有关于吴国的记载，应看作是吴文化研究的早期成果，也是后世研究吴文化的重要文献资料。

《国语》有《吴语》一卷，所记为吴国后期夫差与越王勾践

相争的史实，条目不多，史料价值与《左传》相近。《左传》以晋史为中心，同时也记载了各诸侯国的重大事件，其中所记吴国的情况因有确切纪年，史料价值为史家所推崇。《世本》载有吴世系的资料，后为司马迁《史记》所采用。书中《居篇》记载有"吴熟哉（编者注：仲雍）居藩离"和寿梦以后吴都多次迁徙的情况，是关于吴国都城最早的记载之一。此外《论语》《穆天子传》等一些古籍都记载了泰伯奔吴的事，说明其流传之久远。

  秦代以后记述吴国历史的著作有增无已。《吕氏春秋·知化篇》有吴越"习俗同，语言通"的记载，是研究吴、越族属的重要资料。对吴国史实记载比较详细的是西汉司马迁的《史记》，内中记载吴国自泰伯至夫差二十五世的世系，对于吴国与越、楚、齐、晋等国交恶关系及相关的人物做了生动的记述，是研究吴国历史最重要的资料。到了东汉又有《越绝书》和《吴越春秋》两书问世，这是专门记述吴、越两国历史和地理的著作，所记史实可相互参证，许多资料为他书所无。例如，两书都记载了吴国后期都城——阖闾大城建造的时间、规模和格局，这是对苏州建城最早和最详细的记载。值得注意的是，《越绝书》关于"轩辕神农赫胥之时，以石为兵""黄帝之时，以玉为兵""禹空之时，以铜为兵""当此之时，作铁兵"的记述，这是我国对于人类历史发展的旧石器、新石器、铜器和铁器四个阶段最早的认识，与后来依据考古资料所得出的结论完全相同，可知此书所记资料的珍贵。一般认为两书的作者都是当地人，不仅熟悉本地区的情况，而且也拥

考辨苏州

有前人口碑和文献资料为依据。当然以上两书也存在着如同顾颉刚所指出的我国古史愈晚出而所记愈详细的"层累"现象，需要在使用其中资料时采取科学的审慎态度。秦汉以后，随着我国史学研究的不断发展，许多学者运用训诂学的方法对古史进行考订和校注。到了明清时期，金石考据学兴盛，对包括吴国历史在内的我国古史多有阐发，但总的来看，截至清代为止，前人对于吴文化的研究大多停留在文献研究的阶段，难有较大的突破。直到近代西方科学考古方法传入我国并得到运用之后，古史研究才进入一个新的阶段，而吴文化考古在我国古史上则是起步较早、收获较大的一个。

吴文化的考古实践自20世纪30年代以来，大体上经历了三个阶段将近70年的时间。

第一个阶段是在抗日战争爆发前，为时不到2年，但却具有重要的开端作用，并取得良好的收获。当时推动这一活动的是由卫聚贤为首发起成立的以蔡元培任会长并有众多名流学者参加的"吴越史地研究会"。他们于爬梳文献之外，在太湖流域的苏嘉湖杭平原一带，广泛采集地下出土文物，曾先后在苏州越城、常州淹城、杭州古荡、余杭良渚、湖州钱山漾、嘉兴双桥、海盐澉浦、平湖乍浦、上海宝山、金山戚家墩等地采集和挖掘到一些新石器时代的石器、几何印纹陶器等文物。特别是施昕更在良渚镇的考古发现，揭开了良渚文化的序幕，透出了江南古文明的霞光。卫聚贤、慎微之等根据以上发现，撰写了《江苏古文化时期的重新估

定》《湖州钱山漾石器之发现与中国文化之起源》《中国文化起源于东南发达于西北的探讨》等文章，认为江浙地区发现的石器属新石器时代，从而使江南地区的文化向前拉长了数千年。虽则其论述不够完备，亦有某些偏颇之处，但却率先打破了中原文化为中心的传统观点，开我国文明起源多元论的先河。令人可惜的是，由"吴越史地研究会"开展的研究活动，因日本侵略中国的战争全面爆发而被迫中断，未能得到深入的发展。

第二个阶段是新中国成立后的20世纪50年代至60年代。随着华东地区基本建设的广泛展开，江苏省的文物考古部门，陆续发掘清理了一批商周文化遗址和古墓葬，出土了不少文物，尤其是1954年丹徒县烟墩山宜侯簋的发现，使吴文化研究形成了一个高潮。当时郭沫若、陈梦家、陈邦福、谭戒浦等著名史学家都撰写了考证文章，引起了国内史学界的极大兴趣。后来在仪征破山口又出土了大批西周铜器，在宁镇一带清理了一些铜器墓，如江宁陶吴、六合程桥和武进淹城以及皖南屯溪西周大墓的发掘等，为吴文化研究提供了丰富的实物资料。当时在太湖地区发现的原始文化遗址据统计有40处，包括宁镇地区发现的在内总数在200处以上，基本上反映了先吴文化的文化特征和地理分布。在这些考古发现的基础上，江苏省考古界的前辈曾昭燏、尹焕章于1959年合写了《试论湖熟文化》一文，对于湖熟文化的面貌、时代、社会性质及其与周文化的关系等问题，做了精辟的论述，提出了许多独到的见解。接着曾、尹又撰写了《古代江苏历史上的两个问题》，对古代江苏

的青铜冶铸和江南土著文化和商文化的关系以及奴隶制社会是否存在等问题做了肯定的论证。与此同时,夏鼐依据环太湖考古发掘的报告和研究文章,提出了"良渚文化"的命名。上述这些研究进展,使人们对江南地区史前文化的认识深入了一大步。

第三个阶段始于20世纪70年代,经过80年代、90年代的持续发展,获得丰硕成果。回顾这三个十年,各有其重要进展。20世纪70年代,在苏州唯亭草鞋山遗址的发掘,发现了良渚文化、崧泽文化和马家浜文化的叠压关系;西部是宁镇一带大批土墩墓的清理,找到了吴文化在宁镇地区的典型遗存。在这两方面科学发掘例证的基础上,基本上树立起江南地区新石器文化和青铜文化的年代标尺。20世纪80年代,在镇江丹徒沿江一带断山墩、磨盘墩、母子墩、青龙山、北山顶等西周大墓的发掘,出土了大批青铜器。其中母子墩出土了有铭文的"伯簋",北山顶出土了有铭文的青铜器15件,使宜侯簋再也不是孤立的现象。同时在沿太湖周边山岭上发掘和清理了数十座"烽燧墩"——人工石室建筑。这两方面的出土文物都显示了吴文化早期的面貌和特点,引起了国内考古界的重视。20世纪90年代,在苏州近郊真山春秋大墓的发掘,虽然这座墓葬因古时被盗掘破坏未能判明墓主人的确切身份,但就墓的规模和众多出土的玉器来看,应是地位显赫的人物。这是吴文化考古在吴国后期都城所在地的一次重大突破,预示着这一地区将会有更多更大的考古发现。

吴文化考古之所以取得上述收获,主要是与粉碎"四人帮"

吴文化研究略史

以后,拨乱反正、安定团结的大好形势是分不开的。同时,1980年"江苏省吴文化研究会"的成立(1990年改为吴文化学会)也起了积极的推动作用。宁、镇、常、锡、苏等地的文物考古工作者在各自工作的基础上,携手合作建立了密切的联系和协作,使吴文化研究呈现出生动活泼的局面。据统计,这一时期由学会举办、国内专家学者参加的学术讨论会、座谈会共7次,先后就泰伯奔吴、土墩墓、烽燧墩、青铜器、古城址以及吴国的族属、疆界、社会性质、生产状况、古通道、人文风俗、饮食文化等问题进行了讨论,并编印了研究资料,出版了论文集,使吴文化的研究在前人开辟的道路上有了进一步发展。

吴文化研究涉及的范围甚广,下面就讨论比较集中的八个问题略述其大概情况,以供读者参考。

一、吴文化的渊源问题

通过大量的考古发掘和研究,吴文化的渊源已大体上有了一个眉目。总的来说,它有东、西两源。在西部为宁镇地区的湖熟文化,在东部为太湖周围的良渚文化及马桥文化。吴文化是江南新石器时期文化的结晶体,是中原文化和江南土著文化的结晶体。湖熟文化是1951年在江宁县湖熟镇最早发现的,至今已发掘了20处以上,其上限为公元前1540年(±90年),相当于商初。下限有两种意见,一为西周时期,一为春秋战国时期。因此有人认为吴立国前为湖熟文化,立国后就是吴文化。也有人认为湖熟文化即吴文化。湖熟文化的特点是:聚居地多在河湖沿岸山岗边的土墩上,

过去称为"台形遗址";用烧土方法营造地面之上的居住场所,居住面垫打坚实,墙壁也有火烧痕迹;以石器为主要生产工具,陶器以手制夹砂红陶为主,也有黑皮磨光陶,有鬲、甗等炊器出现(商文化因素,有小件铜器如鱼钩、箭镞等,并有冶铜工具、炼渣、铜矿石发现;饲养牛羊猪狗等家畜;卜骨、龟甲普遍发现)。由上述出土实物判断,当时的社会性质为原始共产主义社会末期。根据出土的陶祖现象,有人认为当时处在父系社会向军事民主制亦即初级奴隶制过渡的阶段。

良渚文化是1936年在浙江余杭良渚镇首次发现,1960年定名的。碳14测定年代约公元前3300—前2130年之间。早期以钱山漾、崧泽、张陵山、草鞋山为代表,晚期以良渚、马桥为代表。其特点是居住干栏式建筑,生产工具为磨光石器,陶器轮制,种类多样,鼎、罐、壶为多见,均有鸟形、猪形盖;大量玉器随葬,有璧、琮、璜、珠、管、钺等;有木器、木桨、木井圈,有陶器、漆器、竹器等;有丝织品、麻织品出现;农作物有稻,掌握了凿井技术,等等。良渚文化的社会性质处于原始社会末期。太湖地区继良渚文化之后,进入青铜时代为马桥文化,目前这一文化的考古发掘资料还不多。

湖熟文化和良渚文化各有其长。湖熟文化的制玉、制陶不如良渚;而良渚文化尚未见铜器,湖熟文化的青铜冶铸则较普遍。两者虽有差异,但都共同存在有几何印纹陶。几何印纹陶是指陶制器物上用印模戳打的几何形花纹,花纹的基本形状可分为圆的

点、圈和重圈，线的平行变化和线的曲折变化三类。有人认为这种花纹是来源于生产和生活的艺术形态；有的认为花纹系蛇纹的变形，是图腾崇拜的一种象征。就其在江南出现的时代看，约自原始社会末至春秋战国末，大体与吴国（还有越国）的历史相一致。而就其分布的地域看，主要在长江以南的浙、赣、闽、粤和台湾等地，与古越人的踪迹相联系。这说明几何印纹陶与吴越文化有密不可分的关系，是江南土著文化的一个重要特征。苏秉琦教授曾经指出：几何印纹陶好比是一把"锁钥"，可以"帮助我们打开通向探索我国这一重要地区从原始社会到秦汉以前的文化史这一重要历史课题的大门"。

对于吴文化渊源的认识，持上述东、西两源说的虽日渐增多，但并非考古界的一致定论。北京大学李伯谦在《吴文化及其渊源初探》一文中认为"吴文化的主要因素来源于湖熟文化，它们之间虽有缺环，但继承发展关系清楚，为时代早晚不同的一个文化"，"吴文化由宁镇地区扩展到太湖、杭州湾地区约在西周早期"，"良渚文化、马家浜文化是越文化的来源之一，宁镇、皖南应是吴文化的发源地"。

二、族属问题

吴文化的主人是谁？这一问题也看法不一，众说纷纭。

一是周人说，这是《史记》的传统说法，也是源远流长的一种观念。持此说者以郭沫若先生《中国史稿》为代表。宜侯簋出土后，有人对周人势力到达江南的时间认为不在泰伯，而在周代成

王、康王、穆王之际。

二是殷人说。何天行主此说。认为殷商与吴同祖,是帝舜之后,舜也是南方民族进入中原的,虞舜即吴舜,都蒲阪(今山西平陆县)。仲雍即吴之始祖,与周太王无干。

三是荆蛮说。曾昭燏、尹焕章在《试论湖熟文化》持此说。

四是越人说。江苏省社会科学院王文清根据《吕氏春秋》《方言》等古籍所载认为吴越同族,语言通,习俗同。越人为夏禹之后。

五是夷人说。夷人居东方,老家在山东,南下江淮,居朱方,为朱夷,后来属吴国,朱夷即土著民族,是湖熟文化的创造者。

六是勾吴说。刘和惠先生《荆蛮考》一文中持此说。

对于吴文化的族属还有一种意见认为,前期是周人与荆蛮人的结合,其时在宁镇地区。后期东迁锡、苏一带,与越族有密切的关系,但自始至终吴是一个诸侯国,是多民族的结合体,这样的观点更符合不同族属的融合规律。

三、社会性质问题

一般认为吴国处在奴隶社会阶段。俞伟超曾经指出,生产力处于石器、青铜器的时代,只能提供家内奴隶制的基础,铁器的使用才为劳动奴隶制的发展创造了条件。两汉魏晋以后推广的轮作制和施肥方法才为封建制的存在奠定基础。再从墓葬看,人祭、人殉、人俑都是奴隶制的社会现象。由以上两个方面可以判定吴国为奴隶制社会阶段。

尹焕章认为吴国中期、后期应是封建社会。

四、吴国都城问题

吴国都城问题，也是向有争论的，主要是对早期梅里的地望有分歧，对寿梦以后都城迁徙的所在地也有不同看法，而对后期都城在苏州则无异议。

根据传统的说法，吴国早期的都城在梅里（今无锡梅村）。其实，先秦史籍无此记载，就是系统记述吴国历史的《史记》也未提到都城的问题。战国末成书的《世本》虽有"吴孰哉居蕃篱""孰姑徙勾吴""诸樊徙吴"的记载，但蕃篱、勾吴、吴在何处则未详。东汉时《吴越春秋》始讲到泰伯起城名曰"故吴"和泰伯卒葬梅里平墟。但梅里的地望也不明。三国时魏王象等编《皇览》说："泰伯冢在吴县北梅里聚，去城十里。"（见《史记·吴太伯世家》注《集解》引文）南北朝时顾野王《舆地志》云："吴筑城梅里平墟。"进入唐代以后，泰伯居无锡梅里的说法普遍起来。张守节《史记正义》曰："泰伯奔吴所居城在苏州北五十里，常州、无锡县界梅里村，其城及冢见存。"又说："泰伯冢在吴北五十里，无锡县界西梅里村鸿山上，去泰伯所居城十里。"《吴地记》说："泰伯筑城于梅里平墟，……今曰梅里乡，亦梅里村，泰伯庙在焉。"由上述记载可知，泰伯始居梅里，梅里为吴都的说法有一个"层累"的过程。同时，除以上都梅里的记载外，据《太平寰宇记》卷91所载《吴越春秋》的一段佚文说："泰伯初适吴，筑城在平门外。"《读史方舆记要》卷25于常州府宜

考辨苏州

兴县国山城条目下引宋代《元丰九域志》的一段佚文云:"吴城,一名泰伯城,在县西南十里。"这些都使人对吴早期的都城在梅里产生疑问。

中山大学商志馥认为,考察吴国早期都邑应把横山(非鸿山)和蕃篱的地望搞清楚。《吴地记》注云:梅里,"又名番里,今横山"。这说明梅里和横山有联系。商又据《世本》"吴熟哉居蕃篱"和可能为西汉刘向增补过的《世本》另一版本所载"吴熟移丹徒"两种记载,认为这说明前人视蕃篱与丹徒为一地。因此他根据宁镇一带的考古发现,推断吴国早期的都城可能在镇江、丹徒一带。经查地方志发现那里有三座横山,元至顺《镇江志》载丹徒县西之义里乡有梅墟里,并有梅姓人散居,与《越绝书·外传记吴地传》所记"传闻越王之子孙在丹阳皋乡,更姓梅,梅里是也"相对照,对于探讨梅里地望不无参考价值。

关于泰伯之后吴国都城的迁徙,据《世本》等所记应为三次:"熟哉徙蕃篱"、"熟姑徙勾吴"(熟姑即寿梦)、"诸樊南徙吴"。后来到阖闾时才定都苏州。这里的蕃篱、勾吴、吴究在何处难以确定。前人有将蕃篱定在余暨(浙江省萧山县境内)的,已被认为是附会之说。至于吴、勾吴则是寿梦之后历代吴王所都之共同名称,除最后都于苏州外,其他都城地望尚待确考。镇江博物馆肖梦龙根据镇江地区的考古资料并参照文献记载,认为吴国早期的都城在"宜",即今丹徒。肖认为丹徒西周时称"宜",春秋时称朱方或"矢方",至战国称谷阳,秦始皇南巡见那里王气太重,发三千囚

徒平之,始改称丹徒。中期的都城在常州淹城,晚期定都苏州。总之,吴都自泰伯之后历经仲雍、寿梦、诸樊三迁,其地点虽难以确指,但踪迹则是自北而南、自西而东移动的。其原因主要是为了开拓以苏州为中心、枕江倚湖、土地肥沃、具有重要战略地位的太湖平原,以作为吴国兴霸称王的根据地,这已日渐成为研究者的一种共识。

五、青铜器的问题

吴国的青铜器历史上早有出土,著名的如乾隆二十六年(1761年)于江西临江出土的"者减钟"11件,除最小的一件没有铭文,其余10件均有铭文。其铭文到20世纪20年代才得到破解,但学者释读不一。杨树达说是"柯转"(泰伯15世孙),王国维释为"颇高"(泰伯16世孙),郭沫若认为是"颇高之弟",马承源解作"去齐"(泰伯18世孙),均在寿梦之前,如能考定,寿梦之前的吴国历史将会得到佐证。寿梦以后七世吴王均有具铭文的青铜器出土,只是有的释读尚有争议。如现藏故宫博物院的"郉王是野戈",郭沫若考证"郉王是野"即吴王寿梦。1959年安徽淮南一古墓出土了"姑发一反剑",商承祚释为诸樊。80年代以后,镇江丹徒北山顶出土了有铭文的缶盖和矛,南京博物院张敏释为"余祭缶盖"和"余昧矛",浙江博物馆曹锦炎则认为缶盖与徐偃王之后裔有关。1961年山西万荣县出土"王子于戈",被认为与吴王僚有关。1964年山西原平峙峪、1978年安徽南陵县各出土了一把"吴王光剑",吴王光即为阖闾。1976年湖北襄阳蔡坡12号墓出土了吴王夫差剑。

考辨苏州

为什么吴王的青铜器会在吴国疆域之外的地方出土呢？这是一个待解之谜。有的认为是吴国战败后被作为战利品而保存的，如山东省博物馆王恩田认为该馆所藏夫差剑系在山东平度邻近莱州湾出土，与《左传·哀公十年》所记"徐承帅舟师，将自海入齐，齐人败之，吴师乃还"有关，很可能是齐军俘获的战利品。剑可能是夫差给徐承的赏赐品。有的解释为吴国嫁女的陪嫁品或馈赠品，众说不一，尚难定论。

新中国成立以后特别是20世纪80年代以来，在江南地区原属吴国版图上陆续出土了近600件青铜器，据商志馥的研究统计，其中在武进以北的长江两岸出土的铜礼器有435件，其中属于西周时期和春秋早期的有225件，占51.73%，容器约占37%。在无锡、苏州一带的太湖流域出土的铜器有133件，其中多数是属于春秋中晚期。另外值得注意的是，在133件铜器中，武器和工具有94件，占85.71%。这说明西部的铜器较早，愈向东愈晚；早期以容器居多，晚期多耕战工具，特别是铸剑技术已达到高超的水平，青铜冶铸工艺更精美了。曾昭燏、尹焕章在论述古代江苏的青铜冶铸时曾经指出，在距今4000年左右的湖熟文化时代，冶铸青铜器物已成为较普遍的手工业，其风格虽有中原文化的因素，但具有自己的明显特点，曾、尹的论点已为众多的考古发现所证实。李学勤从吴国地区出土的青铜尊、卣多受中原影响而认为"吴国是周王朝与江南地区文化的重要桥梁之一"。对吴国青铜器的类型、断代分期、工艺特征及地方特色等诸方面，有学者做了较为深入的研

究。在研究中还采用了现代分析技术，对吴国青铜器合金成份做了大量检测，找出与中原青铜器的异同。

六、土墩墓问题

土墩墓的考古发现，为探索吴国的历史文化面貌开辟了一条新的途径。1975年冬，由镇江博物馆对句容浮山果园一号墩首次进行科学发掘，并邀集江苏考古界有关专家学者赵青芳、纪仲庆、邹厚本以及朱江、陈晶等现场考察。在发表的报告中，根据其平地掩埋、堆土成墩为墓的形制，正式命名为"土墩墓"，定性为吴国土著荆蛮人的特殊葬俗。之后，苏南以及皖南考古工作者对之展开了一系列考古普查和发掘研究工作，取得丰硕成果。土墩墓广泛分布于宁镇及皖南地区，据镇江博物馆与华师大合作应用遥感技术对镇江句容、丹徒、丹阳三县的调查，共查出台形遗址185处，土墩墓3134座，编制了"镇江商周台形遗址与土墩墓分布图"和"镇江商周台形遗址与土墩墓分布影象图"。吴国土墩墓的地上封土形制，影响了中原墓葬的墓冢，而中原墓室结构也为土墩墓逐步仿效。再次证明了中原与边区文化交流，往往都是双向的。对土墩墓的断代分期，尤其是一墩多墓，目前考古界尚存有一定的意见分歧。

七、吴王墓的问题

根据史志记载，泰伯墓在无锡荡口鸿山，仲雍、周章墓在常熟虞山，王僚墓在苏州狮子山，阖闾墓在苏州虎丘山，夫差墓在苏州阳山。《越绝书》还载有位于苏州蛇门外、筑塘北山和苏州近郊

考辨苏州

名为胥女大冢、蒲姑大冢和吴王不审名冢四座。其余则不详,历史上也未见有吴墓发掘的记载。相传秦始皇为获得宝剑曾进行发掘而未果。志书曾有虎丘剑池水涸露出被认为是墓门的隙洞的记载,新中国成立后亦曾进行过探查,但一无所获。

20世纪80年代以来,吴文化考古先后发掘了一些西周和春秋大墓,其中被认为可能是吴王墓的有以下两座:

一座是镇江丹徒北山顶的春秋大墓,出土了有铭文的缶盖和矛。缶盖上的铭文共31字,其中最关键的是11个字,南京博物院张敏释读为"馥君之孙乘之元子弟尸祭"(后二字被铲模糊)。"馥"张读为"厥",即去齐;"乘"即寿梦;元子即长子诸樊;弟即余祭(尸即夷,通余)。浙江省博物馆曹锦炎作《北山铜器新考》,对上述11字释读为"郐颀君之孙利之元子次口"。"郐"即徐,"颀"读为驹,即徐驹王,亦即徐偃王,夷人。相传其母生卵,弃之野,犬衔之归,母暖而出偃。以上两种释读出入极大,说明墓主人的身份一时难以确定。

一座是苏州真山的春秋大墓,此墓早已被盗,但仍出土了大量玉器、贝币及漆皮等。有人根据墓的规模和出土器物,认为可能是一座吴王墓,但这一看法缺乏有力的证据,尚难成立。不过真山墓的发掘是吴文化考古在吴国后期都城附近的一次突破,具有重要的启示,其价值和意义不可低估。由于苏州西北地区接连发现了几处春秋墓葬,除1995年真山春秋大墓外,1986年4月在距真山不远的严山发现了一批数量可观、极为精美的玉器,近来

又在阳山附近的树山试掘发现了一处春秋墓。因此，这一地区有可能是吴国的贵族墓区，相信通过不断的工作，将会有新的更重要的发现。

另外，镇江丹徒大港沿江一带发掘的西周至春秋铜器大墓，如母子墩、磨盘墩以及王家山、青龙山大墓等，根据其形制和随葬的判断，都有可能为吴王墓，起码是王室显贵。

八、吴文化的特色问题

吴文化在我国古文化中是具有突出特色的一支，研究者根据文献资料和出土实物，对于吴文化的特色认识已比较明确，主要可概括为以下八个方面：

（一）几何印纹陶是吴文化的一个显著特色，它与东北、西北一带的细石器文化，仰韶的彩陶文化，龙山的黑陶文化并称为我国四大古文化系列。与几何印纹陶伴出的还有原始青瓷。世界上各地的原始文化中都有陶器发现，但瓷器则是中国的发明，而最早的便是由几何印纹硬陶发展而成的原始青瓷，江南吴越地区应是它的诞生地。

（二）精美的良渚玉器是注入吴文化的又一特色。良渚的制玉工艺已达到很高的水平，在尚未使用铁器的条件下，良渚玉器的切割、打孔、琢磨等技艺已达到很高的水平，至今仍令人惊叹不已。

（三）吴地的青铜冶铸工艺早在4000多年之前便已比较普遍，尤其是它的耕战工具更具特色。吴剑、吴钩是世所称道的著

名产品,有些发掘出土的吴王剑锋利无比,可见其冶铸水平的精湛和高超。

(四)渔稻文化是吴文化赖以发展的根基,吴地气候温和,自古为鱼米之乡,草鞋山遗址出土了粳稻和籼稻的碳化块,唯亭发掘出土了原始水稻田,证明在距今四五千年前这里已生产了水稻作物,正是在渔稻文化的基础上才形成光彩夺目的吴文化。

(五)吴地的蚕丝和纺织自古闻名,《禹贡》和《夏本纪》都记载了扬州(当时苏州属扬州)的"鸟卉服",《汉书》作"鸟夷卉服",卉服就是以葛苎等纤维为原料的纺织品制成的服装,吴县草鞋山遗址发现了用野生葛织成的罗纹葛布织物,吴兴钱山漾遗址发现了细麻布织物,并且还发现了残绢片、丝带、丝线等。绢片为平纹织法,1平方厘米内有经纬各40根,已经相当精细了。据传蚕丝是在这一地区最早产生而后传至中原地区的。

(六)发达的水利工程是吴文化的又一杰出成就。吴国地处水网地带被称为"泽国",至阖闾之际,犹有江海之害,不能治水就难以治国安邦,当时由伍子胥"相土尝水,象天法地"建造的阖闾大城设有水陆城门各八座,可知城内已有纵横交错的水道。另外还有阖闾大城至广陵(扬州)的人工运河,并开掘了通向淮河地区的"邗沟",说明当时水利发达,在都城建设中对水的驾驭已达到很高的科学水平。

(七)据推测,代表着我国古代军事理论最高水平的《孙子兵法》是在吴国都城苏州地区问世的,至今仍被视为是军事理论

的经典著作,书中许多精要的军事原则在现代战争的条件下,依然有着现实的指导意义。

(八)此外,吴歌、吴舞也是史有记载的。这些都是吴文化的闪光点。

总之,吴文化是中原文化和江南文化相融合而形成的优秀文化,在我国古文明的形成和发展中占有重要的地位。

考辨苏州

乾隆没说狮子林"真有趣"

狮子林始建于元至正二年(1342年),在苏州园林中被认为是建园历史仅次于沧浪亭的一座古园林。对于这一点,我认为有探讨的必要。

狮子林建于元代是有记载的,但说它的历史"仅次于沧浪亭"就值得商榷了。因为在现存的苏州园林中,始建年代有比狮子林更早的。如网师园的始建年代就比狮子林早得多,可上推至南宋淳熙年间(1174—1189年)。其历史要比狮子林早153—168年,有人可能说那时的万卷堂不能算园林吧?其实,万卷堂有花圃名"渔隐",后来网师园的名称就是从这里衍生出来的。因此,把狮子林的始建年代列于沧浪亭之后的第二位,与史实不合。我认为我们写苏州园林历史的时候应当把狮子林摆在第三位,即北宋的沧浪亭、南宋的网师园、元代的狮子林……这不是贬低狮子林,而是尊

乾隆没说狮子林"真有趣"

重历史事实。

考察上述"仅次于沧浪亭"的说法,当是来自狮子林的主人贝润生(仁元)。他在民国14年(1925年)所撰《重修狮子林记》中写道:"我吴园亭,沧浪最古,师林次之。顾沧浪建于子美,固在师林百余年以前,而规复于文瑛实在师林百余年以后,是虽谓师林古于沧浪亦奚不可。"这是一种诡辩术,目的在于标榜自己购置的园林历史悠久。其中所说沧浪早于狮子林百余年,其规复又晚于狮子林百余年则不知是如何计算出来的。因为据史志的记载,狮子林的始建(1342年)要晚于沧浪亭的始建(1015年)297年,而明嘉靖二十一年(1542年)文瑛重修沧浪亭的年代要晚于狮子林的始建年代204年,可见贝的文章中的两个"百余年"都是错误的,贝润生的这篇文章不知是不是他自己写的。据我的看法,有种种迹象显示,署名贝仁元的这篇《重修狮子林记》(刻在燕誉堂的屏门上),很可能是现悬于飞瀑亭屏门上的另一篇《重修狮子林记》的作者包锡咸所代笔。因为两篇文章的思路、句法十分接近。前一篇说狮子林是怎么修的,后一篇文章说没有贝仁元狮子林是修不好的,较之前俞樾所作《留园记》格调差远了。总之,不论何人所写,上述关于狮子林与沧浪亭始建和修复年代的说法都是不正确的。

关于狮子林的特点,大家认识是比较一致的,这就是它的假山不同于一般园林。有人写文章称狮子林为"假山王国",现在狮子林大门内的说明牌上就是这样写的。我感到"假山王国"的

一四三

说法是西洋的一种比喻。"假山王国"是什么意思呢？以我的领会大约是假山很多吧！而这一只有"量化"的形容和比喻，实在不能概括和体现狮子林假山的特色。因为狮子林的假山不只是以多取胜，而是有着更丰富的内涵。

那么，狮子林假山的特色怎样表述为好呢？园中燕誉堂北小方厅内一副对联的上联曰"石品洞天标题海岳"，我认为就是狮子林假山的最好概括和画龙点睛之笔。"石品"是说园中峰石众多，品类超绝；"洞天"是指假山的洞穴奇妙无比，如同神仙世界。"石品洞天"四个字不仅写实，而且也生发出一种意境。比起"假山王国"四个字要好多了。纵观苏州园林和国内园林，可以说狮子林的假山是与众不同、别具一格的。一般的假山只注重外形的堆塑，有的有一两处洞穴点缀一下而已，唯独狮子林的假山，既注重假山外形的千变万化，又在假山的内里下功夫，在不大的面积上，使山径洞穴婉转不尽，四通八达。可以观赏，可以攀登，这在叠山的技巧和工艺上要求是很高的，这样的假山在国内以至世界上都是独一无二的，我们在介绍苏州园林假山的时候，应当给以高度的评价。

狮子林的假山除了在"石品洞天"的特色之外，还有一个重要的特点是它的布局别具匠心。一般的假山是作为园的一个局部景点进行布置的，而狮子林的假山与整个园林混为一体，也就是说整个的狮子林就是一座假山，园中的花木、池水、建筑与假山有机地结合在一起，形成了如狮林寺的老和尚惟则法师所说的"人

乾隆没说狮子林"真有趣"

道我居城市里,我疑身在万山中"那样的境界。这是别的园林所没有的。为了给人一种进入狮子林如同步入山中的感觉,园中的厅堂建筑与假山紧密相接,有的地方故意露出假山并把厅堂进出的阶沿踏步用假山石代替,例如"通幽""入胜"圆洞门和燕誉堂那一组建筑的踏步全是假山石,好似山体隆起的样子,使人感到厅堂好像建在山上。这种山石踏步可以说是一种象征性的或者说是写意性的建筑手法,别的园林虽然也有,但以狮子林用的最多,不可等闲视之。因为它反映了狮子林建筑设计的一种追求。

关于狮子林假山特色的形成,从记载来看,有一个逐步发展的过程。建园之初主要是竹林和怪石,并未说有洞穴。明初倪云林所绘《狮子林图》也未有关于山洞的描绘。清初园归黄氏改名涉园后,才看到文人对假山山洞的描写。如沈德潜诗云:"乍高忽下下复高,已伏潜升升又伏。……如蚁穿珠通九曲。"曹凯诗云"冈峦互经亘,中有八洞天。嵌空势参差,洞洞相回旋",这说明当时假山洞穴已经形成,具有很好的规模了。不过乾隆南巡时游狮子林的诗中无山洞的描写,只写有"古树春来亦芳树,假山岁久似真山""真树盖将千岁计""足貌伊人惟怪石"等句。当时乾隆到狮子林主要是带着倪云林的《狮子林图》,边对照、边临摹,兴趣集中在绘画上,很可能未进入山洞,所以对洞穴印象不深。他在乾隆第三次南巡时《再游狮子林》诗中有注云:"若论湖山佳景则逊龙井矣。"这说明他对狮子林的景观评价不高,重在它的历史价值,特别是对倪云林的绘画感兴趣。这里顺便说一下乾隆为狮

考辨苏州

子林题写"真趣"匾额的事,这在道光《苏州府志》中是有明文记载的。"真趣"就是"自然之趣"的意思。现在园林说明碑上有一则乾隆题写"真趣"时的传说,讲原来乾隆题的是"真有趣"三个字,随行的大臣认为不雅,要求乾隆把"有"字赐给他,于是就变成了"真趣"云云。我认为这是一种"戏说",是毫无根据的,如同乾隆把浒墅关的"浒"读为"许"一样的不可信。要知道乾隆的汉文基础和文学修养相当好,况且他题写的诗文事先早有准备,不可能发生这样的笑话。因此,这个传说放在导游嘴上随便说说无伤大雅,而作为园林中正式的介绍文字,似乎应严谨一些。

从目前狮子林假山的规模和特点来看,贝家重修狮子林在这一方面是下了功夫的,既继承了固有的特色,又有所发展,这一点应当加以充分的肯定。据叶圣陶、李根源的记载,未修之前的狮子林已荒废得不成样子了,经过贝家前后七八年的修建,才形成今天的样子,应当说贝家功不可没。如果不把假山修好,狮子林就徒有虚名了。

这里讲一讲贝氏购买狮子林的年代问题,在《苏州市志》和《苏州园林》(苏州园林局编)中都记为民国6年(1917年),不知何据?贝仁元《重修狮子林记》中明确记载:"戊午之岁,因事旋里,时因有建祠之议,胥宇度地……或有以师林告者……未几晤李,举以询,慨然允诺。"戊午岁即民国7年(1918年),园主人的记载应当是不会错的,不知为何定为"民国6年"。

狮子林的假山主要是太湖石,这是本地特产,所以狮子林的

乾隆没说狮子林"真有趣"

假山是就地取材，这是有利的条件。否则，采运就困难了。由记载看，在元代始建时应当就是太湖石，后来黄家、贝家又陆续添购了一些，便形成今日的规模，其数量是相当多的，在苏州园林中可算是使用太湖石最多的一处园林了。有人说狮子林的太湖石是"艮岳"遗物，"艮岳"为宋徽宗命人采东南花石在汴京（开封）所筑园林之名称。对此，顾颉刚先生曾在《苏州史志笔记》中指出过，虽有此可能，但未见于记载，属于臆测之词。搞文史的必须要根据事实说话，不可捕风捉影。有人写文章说狮子林的假山相传为"艮岳"遗物，这就不免捕风捉影了。应当把顾的原话写明白，不可各取所需。我个人认为，狮子林的假山是一般的太湖石，没有如瑞云峰那样的珍品，说成是"花石纲"遗物有些勉强。当然也不能排除，有几块峰石是上乘的，是否是"艮岳"遗物，则应言之有据。

叠山既要有假山为原料，还要有叠山的工艺和技巧，苏州叠山能手辈出，狮子林的假山就是出于高手，可惜狮子林假山的设计者和建筑者的名字未被记载下来，令人无从得知这些大师们的情况。苏州盛产太湖石，而且叠山名手辈出，应是狮子林和我市其他园林假山的两个基本成因。

但是，仅有这两个方面并不能构成假山，还需要有推动人们堆塑假山的动机和实现这一动机的足够的财富。从根本上说园林中的山水花木布置，是人们模拟自然、追求人与自然的和谐关系的一种表现，在这一点上狮子林和别的园林是一样的。不过狮子林的假山从一开始便被赋予了佛家的思想和色彩，它的名称"狮

一四七

子林"即是源于佛经故事。后来到了黄氏涉园的时候,假山洞穴被突出了,我个人认为这可能与道家的思想有关,或者说是反映了道家的一种追求,因为洞天福地常常是修炼成仙的地方。至于贝氏的修建,前面已经说到,在继承园的假山特色、保存古树、古迹方面应当予以肯定以外,在整个园林的布局和建筑方面也有不少败笔,例如园中景点过于拥塞,房屋建筑体量过大,以及对水泥的使用过多等,都与苏州园林的疏朗、轻巧、古朴、淡雅的风格有一定距离。这恐怕与园主是一位大颜料商有一定的关系,钱多了就会显出一种富豪气派,对安全要求也高了。例如,狮子林的围墙是苏州园林中最高的,园中西部扩建的假山,似与提高围墙的高度有关。但是狮子林的围墙与回廊合为一体,被处理得"天衣无缝"也是一个值得一说的创造,进口水泥的使用,则与贝氏对舶来品的崇尚有关,故而多少显得有些"洋气",这也是别的园林所没有的。也就是说园主的身份、地位、思想、爱好对园林的风格形成是有一定影响的。然而不管怎么说,狮子林在我市园林中是占有重要地位的。

木渎羡园是这样的

羡园在木渎镇山塘街王家桥畔，门对香水溪，背倚灵岩山，"虽处山林，而斯园结构之精，不让城市"（童寯《江南园林志》），为江南名园之一。

羡园前身为清道光八年（1828年）木渎诗人钱端溪所筑端园，光绪二十八年（1902年），木渎首富严国馨（严家淦祖父）买下端园，重葺一新，更名羡园，俗称"严家花园"。该园精巧雅致，曲折幽深，布局和局部处理极为得体，被著名建筑学家刘敦桢教授誉为江南园林之"翘楚"。后因"乏人经纪，渐榛芜"（李根源《吴郡西山访古记》）。1999年春，木渎镇政府斥资1600万元，对这座江南古曲名园进行了全面修复，历时年余竣工。

尚贤堂、明是楼 修复后的羡园占地近11000平方米。中路为五间四进主体建筑，依次为门厅、怡宾厅、尚贤堂和明是楼。其

中位于第三进的尚贤堂为典雅古朴的明式楠木厅,迄今已有400多年历史。尚贤堂和明是楼前各有清代砖雕门楼一座,所雕戏文人马玲珑剔透,意趣隽永,极富艺术价值和审美情趣。

羡园的厅堂建筑宏敞精丽,堂皇高显,而园池建筑则精巧活泼,丰富多彩,亭轩廊榭错落有致,富于变化,体现出精湛的造园艺术。

友于书屋　园中有书斋两处,分别以友于和海棠为名。尤其友于书屋地处幽僻,须经曲折长廊,过清荫居和静中观,方可蜿蜒而至。书屋自成庭院,院中湖石数片,花木扶疏,室内经曲古籍,书香飘溢,实在是一个专心攻读的藏修密处。

眺农楼、见山楼、环山草庐、宜人亭、延青阁　地处高旷,空间畅豁。在这些地方凭栏极目,不但园中景致尽收眼底,还可饱览园外的田野风光和灵岩山的满目苍翠。延青阁的一副对联对此景做了贴切的概括:阁邻佛寺经盈耳,窗对灵岩翠满睛。

闻木樨香堂、爬山廊　造型别致,在苏州古典园林中颇为罕见。如延青阁的后墙与围墙不在一线,陡然偏斜出一角,打破了平衡板律的局面;闻木樨香堂为厅榭合一式建筑,前部水榭依水而筑,以数鱼为乐,后部四面厅光明洞彻,可尽收四周景色于窗棂之内;羡园东部的爬山廊也较少见,此廊依地势而建,随地形升高,连接自然,造型优雅,能使人在不知不觉中从平地漫步至环山草庐楼上。

园无花木,即无生机。羡园在植物花草的布局配置方面也构

思巧妙,分段点缀了四季花木,使之形成春夏秋冬四个各具特色的小景区。

春景区 从尚贤堂西边门穿越一条幽长的备弄,便可进入以古广玉兰为内涵的春景区。古广玉兰为羡园旧物,是昔日园中胜景之见证,虽历经百年沧桑而翁郁如故。每逢春深,千葩万蕊,满园花光。

夏景区 出友于书屋,进入绵延假山的洞穴之中,清风徐来,还夹杂着淡淡荷香,这里已渐入夏景区。假山尽头,视野顿显开阔,但见碧水青天,荷风四面,环顾周围,澹碧轩、织翠轩、澈亭、锦荫山房和延青阁皆掩映于绿树丛中,此间有一副楹联为夏景点题:胜地四时浓荫里,洞天一派碧鲜中。若盛夏季节来此,身上暑气和心中俗尘早已随着清风消散殆尽。

秋景区 沿着曲廊向北,一过池塘,即进入秋景区。此区由两部分组成,一宜赏桂,一宜登高,均为秋令应时景致。闻木樨香堂四周遍植桂花,仲秋木樨飘香,芬芳馥郁,令人心旷神怡。穿过眺农楼和见山楼前幽静的院落迤逦向东,来到环山草庐宽敞的贴水平台,隔水望去,湖石假山起伏绵延,山巅一亭翼然,山间清流潺潺。无论是登临环山草庐楼上,还是伫足假山之巅的宜人亭,均可放眼北望园外风景,灵岩山古塔钟楼的倩影清晰可辨。

冬景区 置身环山草庐似乎已是园之尽头,孰料经东北角一侧门右折,竟是别有洞天。疏影斋前,满植梅花,小雪初霁,红英绿萼,颇有宋人林和靖咏梅诗中"疏影暗香"之意境,此处已是冬

景区。

新园 出冬景区南行,即进入在原羡园以东扩建的新园,这里水域开阔,羡园的粉墙、亭廊、假山、藤树都倒映在这一泓清池之中。水上有桥,水边有亭,水波轻漾,水香氤氲。岸上杨柳依依,鸟鸣蝉噪,已是一派活泼泼的江南水乡自然风光了。

南园有二宝

原处太仓南郊，今位于南园东路的南园，始建于明代万历年间，是当时宰相王锡爵种梅养菊之所。清初，王锡爵之孙著名画家王时敏增拓，有"簪玉""侍儿"二石峰闻名遐迩，系自王世贞弇山园移来。清代园屡兴屡废，清末以后，长期未得修复。

1998年，太仓市在江苏省文管会和苏州市园林局指导帮助下，参照老照片和园主后裔提供的地形图，进行规划设计和全面修复。历时两年多，投资千余万元，陆续修复了门楼、绣雪堂、香涛阁、栽花小憩、大还阁、鹤梅仙馆、寒碧舫、潭影轩、知津桥、月波桥、九曲桥、簪玉峰、风月亭、侍儿峰、长廊等十八处景点，基本上再现了南园旧貌。修复后的园门北向，为两层楼阁式建筑，上悬董其昌所书"南园"匾额。门厅前入园处设有一道照墙，上嵌砖刻文徵明草书"素芬自远"四字，乃园景旨趣点睛之笔。园内山远水

漫,建筑布局疏朗,令人举目舒畅,有一望不尽之感,体现出郊园的特色。

春草堂、大还阁、鹤梅仙馆 全园以直贯南北的溪水分为东西两部。进门右行,跨过一座石板桥即达西部。这里有由春草堂(楼上称大还阁)、鹤梅仙馆组成的一路二进三院的规整建筑群,是琴棋书画、饮宴雅集之地。其东侧沿池岸筑有长廊,北起潭影轩,南达寒碧舫,逶迤起伏,高下错落,是游憩赏景的最佳所在。

寒碧舫、风月亭、香涛阁 寒碧舫临水而建,约当全园之中心。其南有湖石假山一座,上有六百龄黄杨一株,至为名贵。过了寒碧舫又可分为两路,其中一路绕山脚南行,可达方形石亭风月亭——因亭内有元代古井风月井而名。亭联"手弄石上月,口吟沧浪辞",点明了此处景观的审美意境。舍亭登山可至高耸土山之巅的香涛阁,极目远眺,园内外景物尽收眼底。

绣雪堂、簪玉峰 另一路由寒碧舫东行,跨石拱桥而达园的东部。东部以全园主体建筑绣雪堂为景观中心,堂周多百年老桂,湖石佳品簪玉峰于堂西面水而立,姿态奇绝,堪与苏州冠云峰、上海玉玲珑等名峰相媲美。堂南有三曲桥通土山。离桥不远处叠有黄石假山一座,人工瀑布飞泻而下,注入溪涧,于曲桥南侧折而东去,经栽花小憩门前转而向北缓缓流淌。此段溪岸曲折狭窄,水中石矶交错,形成一道长约40米的流觞曲水,虽为人工,有若天成。曲水末端汇入园北之大塘中,塘水与溪水相互沟通,循环全园,

南园有二宝

设计之巧,匠心独具。

栽花小憩、侍儿峰 栽花小憩是一处封闭的小院落,有堂屋名兰苑,系太仓名画家、已故百岁老人朱屺瞻题额。著名的侍儿峰立于院中竹林之下,似在等候主人的呼唤。由栽花小憩返回绣雪堂,经堂北九曲桥而至由古木、竹林、草地、花丛、池水组成的园中最大空间。漫步其中,素芬自远尽情品赏之后,便可沿岸边小路回到园门。

考辨苏州

没有燕子为啥叫燕谷园?

燕谷园即燕园,是常熟的一座著名园林,位于古城北部辛峰巷。始建于清乾隆四十五年(1780年),园主为时任福建台澎观察使兼学政的常熟人蒋元枢,因称蒋园。

园初建时占地2600多平方米,平面呈狭长形,但布局得宜,曲折有致。有四面厅、七十二石猴山、西洋台诸景。后蒋元枢之子好赌,将园输于他人。直到道光九年(1829年),才由蒋元枢的族侄泰安县令蒋因培出资购回,经修葺,并请叠山名家戈裕良堆筑黄石假山一座,题名"燕谷",取"燕子归来"之意,园因而易名燕园,名声从此大振。时有五芝堂、赏诗阁、三婵娟室、天际归舟、童初仙馆、诗境、燕谷、引胜岩、过云桥、绿转廊、佇秋簃、冬荣老屋、竹里行厨、梦青莲花庵、一瓻阁、十愿楼诸胜。画家钱叔美为园主绘《燕园十六景图》。道光二十七年(1847年),园由举人归子

没有燕子为啥叫燕谷园?

瑾购得。后归又将园售出,并携走园中全部匾额楹联。光绪间,园先为蒋鸿逵所有,后属外务部郎中张鸿,故俗称张园。张自号"燕谷老人",在园中写成名著《续孽海花》。民国期间,园虽日渐破旧,但基本完好。20世纪50年代起,被用作办公场所,有些景点受到损坏。1982年被列为江苏省文物保护单位,至今已先后修复"十六景"中的十二景。

伫秋簃 燕园入口为石库门,门厅不大,朴素无华。迎面粉墙上开有方形漏窗,隐约透出园中峰石花木。门厅左侧有长约数十米的走廊,廊中部有一敞轩,乃伫秋簃。

三婵娟室 位于伫秋簃之东,为鸳鸯厅结构,因室前有三座形如美女的湖石峰而得名。

三婵娟室南有清池一泓,对岸峰石连绵起伏,状似一群活泼顽皮的猴子,此即七十二石猴山。山不大,池不广,但自然成趣。池东架木栏石板三曲廊桥"绿转廊",可通山后。山有洞穴,入洞登山,山上有一株三百多岁的白皮松,老干横斜,白皮斑驳,为园中活文物。

黄石假山 出三婵娟室北行,便是戈裕良所叠黄石假山。山为就近取虞山黄石堆成,以大块竖石为骨架,以斧劈小石为补缀,并施挑、吊、压、叠、拼、挂、嵌、镶等种种技法,从而达到了纹理统一、皴峰自生、冈峦起伏、洞壑宛转的效果,被誉为运石如笔、云卷自如、处处皆合画理的杰作,与苏州环秀山庄湖石假山同为戈裕良传世佳作。山有洞,楣题"燕谷"。拾级登山,上有平坡。于

考辨苏州

此西望虞山峰峦,正是一幅"十里青山半入城"的美丽图画。东看峭岩兀立,上刻篆书"引胜"二字,便是十六景之一的引胜岩。岩峰之后有小径,绕山谷,跨石梁,奇险无比。谷之东,余脉不尽,形断神连,亦是妙手巧构。

下得山来,可由北而东,依次观"五芝堂",访"天际归舟",登"赏诗阁",步"诗境",上"梦青莲花庵",一路近赏园中山景,远眺虞山风光,假山仿佛真山余脉。最后,经由水流南侧的"童初仙馆"回到园门。

虚霩园里发生了什么

虚霩邨居,俗称曾园,位于常熟西门内,与赵园相邻,其址原为明万历年间御史钱岱的"小辋川"所在地。大门原在九万圩,现由翁府前进出。现全园面积约1.3万平方米,有"湖光山色共一园"的赞誉。

园主为刑部郎中曾之撰,园名"虚霩",取《淮南子·天文训》"道始于虚霩,虚霩生宇宙,宇宙生气"之意,用以表示一种超脱于尘世之外的境界。历史上曾园发生过两件轰动一时的事情:一是中日甲午战争的主战者、常熟人沈鹏,因敢于上疏弹劾慈禧太后宠信的权臣荣禄、刚毅和太监李莲英而被捕于园中。另一是曾之撰之子曾朴,于园中琼玉楼构思撰成晚清著名谴责小说《孽海花》。曾园因此名闻遐迩,成为中国近代史上一处引人注目的园林。

园以池塘为中心,引护城河活水入园,池东有黄石假山,山巅筑六角亭。亭下池水绕石矶缓缓流淌,矶石称盘矶,矶壁镌"虚霩子濯足处","虚霩子"即园主曾之撰。山南构石室名小有天,为曾氏静坐处。

莲花世界 位于池塘中央,为一四角湖心亭,有红栏曲桥可以到达,是夏日赏荷佳处。

鱼乐榭 湖心亭之南有水榭,名鱼乐,取自庄子鱼乐的故事。沿池遍植桃柳,并以红梅、绿竹、翠柏、丹枫点缀其间,佳木繁花四季变换,美不胜收。

邀月轩、虚霩邨居 池南有邀月轩,为一幽静的封闭式庭院,院中堆湖石假山一座,名妙有;旁有明代所植白皮松、香樟树,为钱氏小辋川遗物。院西有圆洞门,上书"虚霩邨居"四字。再至寿而康室,室旁所植红豆树也是小辋川所遗。由此返身向东,越长廊经归耕课读庐,可达琼玉楼。

琼玉楼 是园中主体建筑,登楼推窗北望,虞山蜿蜒,青葱如黛;剑门雄险,一线云天;辛峰亭双檐飞翘,如在园中,真可谓"满目风光琼玉楼"了。常熟园林均外借虞山风景,而以曾园为最佳。登此楼,可以想见当年《孽海花》《鲁男子》的作者曾朴在此临窗景、低头构思的景况。曾朴《孽海花》的问世,为曾园增添了一段佳话,生动地说明历史人文内涵是园林审美的重要组成部分。

曾园东部长廊壁间嵌有书条石刻39方,主要是《勉耕先生归

耕图》和《山庄课读图》，以及许多名人为两图所作的题跋。

《归耕图》为园主曾之撰的曾祖父曾济离任宁化县令时，请画师所绘的一幅肖像。先后在图上题跋的名人有伊秉绶、翁心存、翁同龢、吴大澂等。曾之撰建园时请吴门刻工陈伯玉钩摹入石。

《课读图》系曾之撰之父曾文熙致仕回籍后教曾之撰兄弟读书的情景，由江阴画师吴子重绘图，题跋有翁同龢、吴大澂、杨沂孙、汪鸣銮、张之洞、赵烈文等，卷首由李鸿章题签，共23块，亦为陈伯玉刻石。这些石刻，集正、草、隶、篆多种书体，包括颜、柳、苏、米、黄、赵、董各家流派，以及晚清名流真迹，可供书法艺术研究之参考。

考辨苏州

编后记

苏州，一座拥有2500年历史的古城。自阖闾建城以来，从春秋到清末，再到新中国建立，随着历史的演变，一些自古流传下来的人名、地名、典故已经随着历史慢慢变得模糊不清，有时以讹传讹，张冠李戴。

还原历史的真实面貌，对那些随意杜撰苏州历史地名、人名，或者以讹传讹等现象进行考辨，是非常有必要的，这既是对历史的尊重也是对下一代的负责。文化只有通过不断地传承与整理，才能发扬光大。

《考辨苏州》一书辑录了苏州文史专家张英霖先生自1978年从事文博工作以来的一些文章。考辨的是有关苏州的历史文化，涉及古城保护、文化研究、地图地名、园林胜

编 后 记

迹、文史掌故等各个方面的诸多疑惑。资料翔实、准确,论述客观、公允,体现了一个文史专家严谨的作风,也表达了作者热爱苏州古城的拳拳之心。

在编辑过程中,征得张老同意,将一些较长的文章进行了适当的加工整理,有些标题也进行了调整,并由张老最后审定。

本书的出版得到了苏州市文化研究中心的关怀和支持,对此表示深切的感谢。